개정판

기탄급수한자

6급

빨리따기

3과정

초등학생용
6급·6급Ⅱ공용

(사)한국어문회 주관 한국한자능력검정회 시험

※**6급·6급Ⅱ 공용** 6급은 ①, ②, ③과정 전 3권으로 구성되어 있습니다.

전국적으로 초, 중, 고 학생들에게 급수한자 열풍이 대단합니다.
2005년도 대학 수학 능력 시험부터 제2외국어 영역에 한문 과목이 추가되고, 한자 공인 급수 자격증에 대한 각종 특전이 부여됨에 따라 한자 교육에 가속도가 붙고 있습니다. 이러한 교육 환경에서 초등학생의 한자 학습에 대한 열풍은 자연스럽게 한자능력검정시험에까지 이어지고 있습니다.
이에 (주)기탄교육은 초등학생 전용 급수한자 학습지 《기탄급수한자 빨리따기》를 선보이게 되었습니다. 《기탄급수한자 빨리따기》는 초등학생의 수준에 알맞게 구성되어 더욱 쉽고 빠르게 원하는 급수를 취득할 수 있습니다. 이제 초등학생들의 한자능력검정시험 준비는 《기탄급수한자 빨리따기》로 시작하세요. 한자 학습의 목표를 정해 주어 학습 성취도가 높고, 공부하는 재미를 동시에 느낄 수 있습니다.

《기탄급수한자 빨리따기》 이런 점이 좋아요.

- 두꺼운 분량의 문제집이 아닌 각 급수별로 분권하여 학습 성취도가 높습니다.
- 출제 유형을 꼼꼼히 분석한 기출예상문제풀이로 시험 대비에 효과적입니다.
- 만화, 전래 동화, 수수께끼 등 다양한 학습법으로 지루하지 않게 공부합니다.

한자능력검정시험이란?

● 사단법인 한국어문회에서 주관하고 한국한자능력검정회가 시행하는 한자 활용능력 시험을 말합니다. 1992년 12월 9일 1회 시험이 시행되었고, 2001년 1월 1일 이후로 국가 공인자격시험(특급~3급Ⅱ)으로 치러지고 있습니다.

한자능력검정시험은 언제, 어떻게 치르나요?

● 한자능력검정시험은 공인급수(특급~3급Ⅱ)와 교육급수(4급~8급)로 나뉘어 실시합니다. 응시 자격은 연령, 성별, 학력 제한 없이 모든 급수에 응시할 수 있습니다. 기타 자세한 사항은 한국어문회 홈페이지(www.hanja.re.kr)를 참조하세요.

한자능력검정시험의 급수는 어떻게 나누어지나요?

● 한자능력검정시험은 공인급수와 교육급수로 나누어져 있으며, 8급에서 특급까지 배정되어 있습니다.

한자능력검정시험 급수 배정

급수		읽기	쓰기	수준 및 특성
공인급수	특급	5,978	3,500	국한혼용 고전을 불편 없이 읽고, 연구할 수 있는 수준 고급
	특급Ⅱ	4,918	2,355	국한혼용 고전을 불편 없이 읽고, 연구할 수 있는 수준 중급
	1급	3,500	2,005	국한혼용 고전을 불편 없이 읽고, 연구할 수 있는 수준 초급
	2급	2,355	1,817	상용한자를 활용하는 것은 물론 인명지명용 기초한자 활용 단계
	3급	1,817	1,000	고급 상용한자 활용의 중급 단계
	3급Ⅱ	1,500	750	고급 상용한자 활용의 초급 단계
교육급수	4급	1,000	500	중급 상용한자 활용의 고급 단계
	4급Ⅱ	750	400	중급 상용한자 활용의 중급 단계
	5급	500	300	중급 상용한자 활용의 초급 단계
	5급Ⅱ	400	225	중급 상용한자 활용의 초급 단계
	6급	300	150	기초 상용한자 활용의 고급 단계
	6급Ⅱ	225	50	기초 상용한자 활용의 중급 단계
	7급	150	0	기초 상용한자 활용의 초급 단계
	7급Ⅱ	100	0	기초 상용한자 활용의 초급 단계
	8급	50	0	한자 학습 동기 부여를 위한 급수

한자능력검정시험에는 어떤 문제가 나오나요?

● 급수별로 자세한 내용은 다음과 같습니다.

한자능력검정시험 급수별 출제 기준

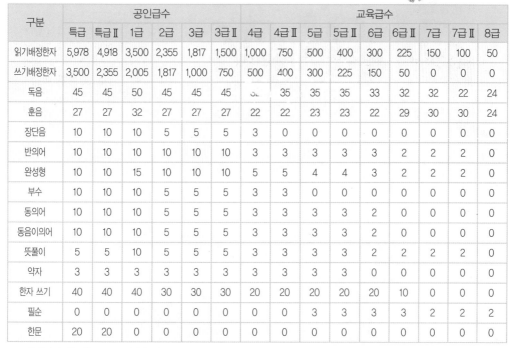

구분	공인급수						교육급수								
	특급	특급Ⅱ	1급	2급	3급	3급Ⅱ	4급	4급Ⅱ	5급	5급Ⅱ	6급	6급Ⅱ	7급	7급Ⅱ	8급
읽기배정한자	5,978	4,918	3,500	2,355	1,817	1,500	1,000	750	500	400	300	225	150	100	50
쓰기배정한자	3,500	2,355	2,005	1,817	1,000	750	500	400	300	225	150	50	0	0	0
독음	45	45	50	45	45	45	32	35	35	35	33	32	32	22	24
훈음	27	27	32	27	27	27	22	22	23	23	22	29	30	30	24
장단음	10	10	10	5	5	5	3	0	0	0	0	0	0	0	0
반의어	10	10	10	10	10	10	3	3	3	3	3	2	2	2	0
완성형	10	10	15	10	10	10	5	5	4	4	3	2	2	2	0
부수	10	10	10	5	5	5	3	3	0	0	0	0	0	0	0
동의어	10	10	10	5	5	5	3	3	3	3	2	0	0	0	0
동음이의어	10	10	10	5	5	5	3	3	3	3	2	0	0	0	0
뜻풀이	5	5	10	5	5	5	3	3	3	3	2	2	2	2	0
약자	3	3	3	3	3	3	3	3	3	3	0	0	0	0	0
한자 쓰기	40	40	40	30	30	30	20	20	20	20	20	10	0	0	0
필순	0	0	0	0	0	0	0	0	3	3	3	3	2	2	2
한문	20	20	0	0	0	0	0	0	0	0	0	0	0	0	0

※쓰기 배정 한자는 한두 급수 아래의 읽기 배정 한자이거나 그 범위 내에 있습니다.
※출제 기준표는 기본 지침 자료로서, 출제자의 의도에 따라 차이가 있을 수 있습니다.

한자능력검정시험 합격 기준

구분	공인급수						교육급수								
	특급	특급Ⅱ	1급	2급	3급	3급Ⅱ	4급	4급Ⅱ	5급	5급Ⅱ	6급	6급Ⅱ	7급	7급Ⅱ	8급
출제문항	200	200	150				100				90	80	70	60	50
합격문항	160	160	105				70				63	56	49	42	35
시험시간	100분	90분	60분				50분								

※특급·특급Ⅱ·1급은 출제 문항의 80% 이상, 2급~8급은 70% 이상 득점하면 합격입니다.

 # 한자능력검정시험에 합격하면 어떤 좋은 점이 있나요?

● 특급~3급Ⅱ를 취득하면 국가 공인 자격증으로서 관련 국가자격을 규정하고 있는 법령에 의하여 국가자격 취득자와 동등한 대우 및 혜택이 주어집니다.
● 대학 입시 수시 모집 및 특기자 전형에 지원이 가능합니다.
● 대학 입시 면접에 가산점 부여 및 졸업 인증, 학점 반영 등 혜택이 주어집니다.
● 기업체의 입사·승진·인사 고과에 반영됩니다.

6급 빨리따기 구성과 특징

6급·6급Ⅱ 신출 한자 150자를 ①, ②, ③과정으로 분권하여 구성하였습니다. 두꺼운 분량의 책으로 공부할 때보다 학습자의 성취감을 높여 줍니다.

자원
한자가 만들어지는 과정을 통해 한자를 기억하는데 도움을 줍니다.

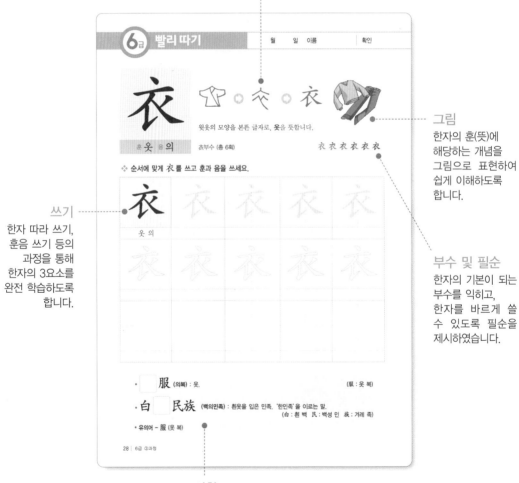

그림
한자의 훈(뜻)에 해당하는 개념을 그림으로 표현하여 쉽게 이해하도록 합니다.

쓰기
한자 따라 쓰기, 훈음 쓰기 등의 과정을 통해 한자의 3요소를 완전 학습하도록 합니다.

부수 및 필순
한자의 기본이 되는 부수를 익히고, 한자를 바르게 쓸 수 있도록 필순을 제시하였습니다.

어휘
다른 자와 결합된 한자어를 학습하여 어휘력을 높이도록 하였습니다.

도입
6급·6급Ⅱ 신출 한자를 가나다 순으로 정리하여 그림과 함께 소개합니다.

만화로 한자를
앞서 익힌 한자를 만화를 통하여 흥미롭게 복습합니다.

기출 및 예상 문제
시험에 출제되었던 문제와 예상 문제를 통하여 실력을 다집니다.

한자로 배우는 속담 이야기
한자로 표현된 속담을 만화를 통하여 재미있게 학습합니다.

부록
상대 반의어, 유의어, 모양이 비슷한 한자, 사자성어 등을 정리하여 한자 학습의 폭을 넓히고 실제 시험을 대비합니다.

모의 한자능력검정시험
실제 시험 출제 유형과 똑같은 모의 한자능력검정시험 3회를 통하여 실전 감각을 높일 수 있습니다.

답안지
실제 시험과 똑같은 모양의 답안 작성 연습으로 답안 작성 시 실수를 줄일 수 있습니다.

角(각)　❶-8
①과정 8쪽

 勇 날랠 용

 運 옮길 운

 遠 멀 원

油 기름 유

 音 소리 음

 用 쓸 용

 園 동산 원

 由 말미암을 유

 銀 은 은

 飮 마실 음

甬 + 力 = 勇

솟아오를 용　　　　　힘 력

힘(力)을 돋우어(甬) 날래다는 데서 **날래다**, **용감하다**를 뜻합니다.

훈 **날랠** 음 **용**　　力부수 (총 9획)

勇 勇 勇 勇 勇 勇 勇 勇 勇

❖ 순서에 맞게 勇 을 쓰고 훈과 음을 쓰세요.

勇	勇	勇	勇	勇
날랠 용	날랠 용	날랠 용	날랠 용	날랠 용
勇	勇	勇	勇	勇

- ☐ 者 (용자) : 용맹스러운 사람.　　　　　　　　　　　　　　　　(者 : 놈 자)

- ☐ 氣 (용기) : 씩씩하고 굳센 기운. 또는 사물을 겁내지 아니하는 기개.　　(氣 : 기운 기)

- **동음이의어 –** 用 (쓸 용)

用 ➡ 用 ➡ 用

하나의 큰 종 모양을 본뜬 글자로, **쓰다**를 뜻합니다.

훈 **쓸** 음 **용**   用부수 (총 5획)   用 用 用 用 用

❖ 순서에 맞게 用을 쓰고 훈과 음을 쓰세요.

用	用	用	用	用
쓸 용	쓸 용	쓸 용	쓸 용	쓸 용
用	用	用	用	用

- ☐ 語 (용어) : 일정한 분야에서 주로 사용하는 말.   (語 : 말씀 어)

- 所 ☐ (소용) : 쓸 곳. 또는 쓰이는 바.   (所 : 바 소)

- 동음이의어 – 勇 (날랠 용)

쉬엄쉬엄 갈 착   군사 군

병사들(軍)이 전차를 끌면서 걸어가는(辶) 모습에서 **옮기다**를 뜻합니다.

훈 **옮길** 음 **운**	辶(辵)부수 (총 13획)	運運運運運運運運運運運運運

❖ 순서에 맞게 運을 쓰고 훈과 음을 쓰세요.

運	運	運	運	運
옮길 운	옮길 운	옮길 운	옮길 운	옮길 운
運	運	運	運	運

· 幸 ☐ (행운) : 좋은 운수. 또는 행복한 운수. (幸 : 다행 행)

· ☐ 動 (운동) : 사람이 몸을 단련하거나 건강을 위하여 몸을 움직이는 일. (動 : 움직일 동)

· 유의어 – 動 (움직일 동)

口 + 袁 = 園

큰 입 구   옷 길 원

뜻을 나타내는 口(큰 입 구)와 음을 나타내는 袁(옷 길 원)이 합쳐진
글자로, **동산**을 뜻합니다.

훈 **동산** 음 **원**   口 부수 (총 13획)   園 園 園 園 園 園 園 園 園 園 園 園 園

❖ 순서에 맞게 園 을 쓰고 훈과 음을 쓰세요.

園	園	園	園	園
동산 원	동산 원	동산 원	동산 원	동산 원
園	園	園	園	園

· 花 ☐ **(화원)** : ① 꽃을 심은 동산. ② 꽃 가게.   (花 : 꽃 화)

· 公 ☐ **(공원)** : 국가나 지방 공공 단체가 마련한 유원지나 동산 등의 시설.   (公 : 공평할 공)

· 유의어 – 庭 (뜰 정)

遠

辶 + 袁 = 遠

쉬엄쉬엄 갈 착   옷 길 원

뜻을 나타내는 辶(쉬엄쉬엄 갈 착)과 음을 나타내는 袁(옷 길 원)이 합쳐진 글자로, **멀다**를 뜻합니다.

훈 **멀** 음 **원**   辶(辵)부수 (총 14획) 遠遠遠遠遠遠遠遠遠遠遠遠遠遠

❖ 순서에 맞게 遠을 쓰고 훈과 음을 쓰세요.

遠	遠	遠	遠	遠
멀 원	멀 원	멀 원	멀 원	멀 원
遠	遠	遠	遠	遠

· ☐ 近 (원근) : 멀고 가까움.   (近 : 가까울 근)

· ☐ 大 (원대) : 계획이나 희망 따위의 장래성과 규모가 큼.   (大 : 큰 대)

· 상대 반의어 – 近 (가까울 근)   · 유의어 – 永 (길 영)

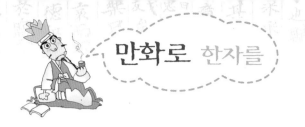

만화로 한자를

勇 날랠 용

그렇지! 덕구 잘한다.

멍!

뭣들하고 있는 거냐?

덕구 훈련시키고 있는 겁니다. 사냥개 만들려고요.

훈장님, 요즘 영양이 부족하신지 얼굴이 누렇게 뜨셨는데 노루라도 잡아 영양보충 시켜 드리려고요.

사냥개는 원래 종자를 타고나야 하는데 발발이 덕구가 무슨 사냥을 하겠느냐?

아녜요! 얼마나 똑똑한데요.

특히 말귀를 잘 알아들어요. 덕구야! 훈장님께서 뼈다귀를 주신다니 아양 좀 떨어 봐라!

깨갱!

음, 과연 그렇군. 허나 사냥개는 勇감해야 할 텐데….

시험해 보죠.

핵! 핵!

역시나….

께갱! 파바박! 깨갱!

由

나뭇가지에 달린 열매의 모양을 본뜬 글자로, 열매가 나뭇가지로
말미암아 달린다는 데서 **말미암다**를 뜻합니다.

훈 **말미암을** 음 **유**　田부수 (총 5획)　　　　　由 由 由 由 由

❖ 순서에 맞게 由 를 쓰고 훈과 음을 쓰세요.

由	由	由	由	由
말미암을 유	말미암을 유	말미암을 유	말미암을 유	말미암을 유
由	由	由	由	由

- 事▢ (사유) : 일의 까닭.　　　　　　　　　　　　　　(事 : 일 사)

- ▢來 (유래) : 사물이나 일이 생겨남. 또는 그 사물이나 일이 생겨난 바.　　(來 : 올 래)

- 自由自在 (자유자재) : 거침없이 자기 마음대로 할 수 있음. (自 : 스스로 자　在 : 있을 재)

氵 + 由 = 油

물 수   말미암을 유

뜻을 나타내는 氵(물 수)와 음을 나타내는 由(말미암을 유)가 합쳐진 글자로, **기름**을 뜻합니다.

훈 **기름** 음 **유**   氵(水)부수 (총 8획)   油 油 油 油 油 油 油 油

❖ 순서에 맞게 油를 쓰고 훈과 음을 쓰세요.

油	油	油	油	油
기름 유	기름 유	기름 유	기름 유	기름 유
油	油	油	油	油

· 注 ☐ **(주유)** : 자동차 따위에 기름을 넣음.   (注 : 부을 주)

· 石 ☐ **(석유)** : 땅속에서 천연으로 나는, 가연성 기름.   (石 : 돌 석)

· **동음이의어** – 由 (말미암을 유) 有 (있을 유)

銀 + 艮 = 銀
쇠 금   어긋날 간

뜻을 나타내는 金(쇠 금)과 음을 나타내는 艮(어긋날 간)이 합쳐진
글자로, 흰 빛을 띤 쇠붙이인 **은**을 뜻합니다.

훈 **은** 음 **은**   金부수 (총 14획)   銀銀銀銀銀銀銀銀銀銀銀銀銀銀

❖ 순서에 맞게 銀을 쓰고 훈과 음을 쓰세요.

銀	銀	銀	銀	銀
은 은	은 은	은 은	은 은	은 은
銀	銀	銀	銀	銀

· 金[ ] **(금은)** : 금과 은.   (金 : 쇠 금)

· [ ]行 **(은행)** : 예금을 받아 그 돈을 자금으로 하여 대출, 어음 거래, 증권의 인수 따위를
  업무로 하는 금융 기관.   (行 : 다닐 행)

音

 ▶ 숍 ▶ 音

말(言)에 마디가 있는 것에서 **소리**를 뜻합니다.

| 훈 소리 음 음 | 音부수 (총 9획) | 音 音 音 音 音 音 音 音 音 |

❖ 순서에 맞게 音을 쓰고 훈과 음을 쓰세요.

音	音	音	音	音
소리 음	소리 음	소리 음	소리 음	소리 음
音	音	音	音	音

· 長 ☐ (장음) : 긴소리.   (長 : 긴 장)

· 讀 ☐ (독음) : ① 글 읽는 소리. ② 한자의 음.   (讀 : 읽을 독)

· 동음이의어 – 飮 (마실 음)

食 + 欠 = 飲

먹을 식   하품 흠

입을 벌리고(欠) 음식을 먹는다는(食) 데서 **마시다**를 뜻합니다.

훈 **마실** 음 **음**   食부수 (총 13획)

❖ 순서에 맞게 飮을 쓰고 훈과 음을 쓰세요.

飮	飮	飮	飮	飮
마실 음	마실 음	마실 음	마실 음	마실 음
飮	飮	飮	飮	飮

• ☐ 食 (음식) : 사람이 먹을 수 있도록 만든 밥이나 국 따위의 물건.   (食 : 밥/먹을 식)

• 米 ☐ (미음) : 입쌀이나 좁쌀에 물을 충분히 붓고 푹 끓여 체에 걸러 낸 걸쭉한 음식.
                                                                                    (米 : 쌀 미)

• 동음이의어 - 音 (소리 음)

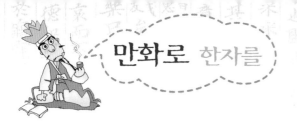

만화로 한자를

飮 마실 음

1 다음 밑줄 친 漢字語의 讀音을 쓰세요.

(1) 銀行에 예금을 하였다. （　　　　　　）

(2) 幸運의 여신이 미소를 지었다. （　　　　　　）

(3) 수은은 온도계를 만드는 데 利用된다. （　　　　　　）

(4) 遠洋 어업이 발달했다. （　　　　　　）

(5) 國運이 쇠퇴하였다. （　　　　　　）

(6) 비둘기를 통신용으로 使用하기도 한다. （　　　　　　）

(7) 그는 사사건건 理由를 달았다. （　　　　　　）

(8) 환자를 위해 米飮을 끓였다. （　　　　　　）

(9) 삼촌은 果樹園을 하고 계신다. （　　　　　　）

(10) 그 일은 所用없는 짓이다. （　　　　　　）

(11) 그것은 運命적 만남이었다. （　　　　　　）

(12) 개인의 自由가 보장된 사회이다. （　　　　　　）

(13) 정확한 發音으로 이야기해라. （　　　　　　）

(14) 너무 기술적인 用語에는 자신이 없다. （　　　　　　）

(15) 그 영웅의 이름은 永遠히 역사에 남을 것이다. （　　　　　　）

2 다음 漢字의 訓과 音을 쓰세요.

(1) 由 (　　　　　　　)　　　(2) 用 (　　　　　　　)

(3) 油 (　　　　　　　)　　　(4) 園 (　　　　　　　)

(5) 勇 (　　　　　　　)　　　(6) 音 (　　　　　　　)

(7) 飮 (　　　　　　　)　　　(8) 銀 (　　　　　　　)

(9) 遠 (　　　　　　　)　　　(10) 運 (　　　　　　　)

3 다음 밑줄 친 漢字語를 漢字로 쓰세요.

(1) 면화는 중국에서 유래되었다.　　　　　　(　　　　　　　)

(2) 적당한 운동은 건강에 좋다.　　　　　　　(　　　　　　　)

(3) 그는 여가를 자기 개발에 잘 활용한다.　　(　　　　　　　)

(4) 가족과 함께 공원으로 산책을 나갔다.　　(　　　　　　　)

(5) 그 가수는 고음을 잘한다.　　　　　　　　(　　　　　　　)

(6) 그는 용기를 내어 사실을 말했다.　　　　(　　　　　　　)

(7) 석유로 만든 제품이 많다.　　　　　　　　(　　　　　　　)

(8) 보물섬에서 금은보화를 발견했다.　　　　(　　　　　　　)

(9) 자고로 꿈은 원대하게 가져야 한다.　　　(　　　　　　　)

(10) 이 음식이 정말 맛있다.　　　　　　　　　(　　　　　　　)

4 다음 漢字의 반의자(反義字) 또는 상대자(相對字)를 골라 그 번호를 쓰세요.

(1) 遠 : ① 永   ② 道   ③ 近   ④ 洋   (   )

5 다음 (   )에 알맞은 漢字를 보기 에서 찾아 그 번호를 쓰세요.

보기

① 油   ② 由   ③ 足   ④ 然

(1) 自(   )自在 : 거침없이 자기 마음대로 할 수 있음.

(   )

6 다음 漢字와 뜻이 비슷한 漢字를 골라 그 번호를 쓰세요.

(1) 園 : ① 庭   ② 室   ③ 國   ④ 別   (   )

(2) 運 : ① 重   ② 動   ③ 東   ④ 力   (   )

(3) 遠 : ① 道   ② 水   ③ 永   ④ 英   (   )

7 다음 중 소리(音)는 같으나 뜻(訓)이 다른 漢字를 골라 그 번호를 쓰세요.

(1) 音 : ① 飮   ② 食   ③ 言   ④ 古   (   )

(2) 用 : ① 各   ② 邑   ③ 男   ④ 勇   (   )

(3) 由 : ① 面   ② 西   ③ 有   ④ 同   (   )

8 다음 뜻과 소리를 가진 단어를 漢字로 쓰세요.

> 보기
>
> 몸무게.(체중) − (體重)

(1) 꽃을 심은 동산.(화원) (   )

(2) 일의 까닭.(사유) (   )

9 다음 漢字의 짙게 표시한 획은 몇 번째 쓰는 획인지 보기 에서 찾아 그 번호를 쓰세요.

> 보기
>
> ① 첫 번째   ② 두 번째   ③ 세 번째   ④ 네 번째
> ⑤ 다섯 번째 ⑥ 여섯 번째 ⑦ 일곱 번째 ⑧ 여덟 번째
> ⑨ 아홉 번째 ⑩ 열 번째   ⑪ 열한 번째 ⑫ 열두 번째

(1) 用 (   )

(2) 勇 (   )

(3) 遠 (   )

◎ 한자로 표현된 속담을 익혀 보세요.

三歲之習 이 至于八十 이라
(삼 세 지 습　　지 우 팔 십)

세 살적 버릇이 여든까지 간다.

三 : 석 삼　　歲 : 해 세　　之 : 어조사 지　　習 : 익힐 습
至 : 이를 지　　于 : 어조사 우　　八 : 여덟 팔　　十 : 열 십

6급 ③과정 한자능력검정시험

 意 뜻 의

 醫 의원 의

 衣 옷 의

者 놈 자

 昨 어제 작

作 지을 작

 章 글 장

才 재주 재

 在 있을 재

 戰 싸움 전

心 + 音 = 意

마음 심   소리 음

말은 마음속의 생각을 표출하기 때문에 마음(心)의 소리(音)라는 데서 **뜻**을 뜻합니다.

훈**뜻** 음**의**   心부수 (총 13획)   意意意意意意意意意意意意意

❖ 순서에 맞게 意를 쓰고 훈과 음을 쓰세요.

意	意	意	意	意
뜻 의	뜻 의	뜻 의	뜻 의	뜻 의
意	意	意	意	意

· 合 [ ] (합의) : 서로 의견이 일치함.   (合 : 합할 합)

· [ ] 圖 (의도) : 무엇을 하고자 하는 생각이나 계획.   (圖 : 그림 도)

· **동음이의어** - **醫** (의원 의) **衣** (옷 의)

醫

殹 + 酉 = 醫

앓는 소리 예　　　　닭 유

예전에는 술(酉)로 병이나 상처를 고쳤다는 데서 **치료하다**를
뜻합니다.

훈 의원 음 의　　酉부수 (총 18획)

醫醫醫醫醫醫醫醫醫醫醫

❖ 순서에 맞게 醫 를 쓰고 훈과 음을 쓰세요.

醫	醫	醫	醫	醫
의원 의	의원 의	의원 의	의원 의	의원 의
醫	醫	醫	醫	醫

- ☐ 藥 (의약) : 병을 고치는 데 쓰는 약.　　　　　　(藥 : 약 약)

- ☐ 術 (의술) : 병이나 상처를 고치는 기술.　　　　　(術 : 재주 술)

- 동음이의어 – 意 (뜻 의) 衣 (옷 의)

윗옷의 모양을 본뜬 글자로, **옷**을 뜻합니다.

| 훈 **옷** 음 **의** | 衣부수 (총 6획) | 衣 衣 衣 衣 衣 衣 |

❖ 순서에 맞게 衣 를 쓰고 훈과 음을 쓰세요.

衣	衣	衣	衣	衣
옷 의	옷 의	옷 의	옷 의	옷 의
衣	衣	衣	衣	衣

· ☐ 服 **(의복)** : 옷.   (服 : 옷 복)

· 白 ☐ 民族 **(백의민족)** : 흰옷을 입은 민족. '한민족'을 이르는 말.
                                      (白 : 흰 백 民 : 백성 민 族 : 겨레 족)

· 유의어 – 服 (옷 복)

者

 늙을 로   흰 백

나이가 든 어른(耂)이 아랫사람에게 낮추어 말한다(白)는 데서
사람, **놈**을 뜻합니다.

훈 **놈** 음 **자**   耂(老)부수 (총 9획)   者 者 者 者 者 者 者 者 者

❖ 순서에 맞게 者를 쓰고 훈과 음을 쓰세요.

者	者	者	者	者
놈 자	놈 자	놈 자	놈 자	놈 자
者	者	者	者	者

· 學☐ (학자) : 학문을 연구하는 사람.   (學 : 배울 학)

· 記☐ (기자) : 신문, 잡지, 방송 따위에 실을 기사를 취재하여 쓰거나 편집하는 사람.
    (記 : 기록할 기)

· 百萬長者 (백만장자) : 재산이 매우 많은 사람.   (百 : 일백 백 萬 : 일만 만 長 : 긴 장)

日 + 乍 = 昨

날 일   잠깐 사

해(日)가 잠깐 사이(乍)에 밤을 가르고 지나간 때인 **어제**를 뜻합니다.

훈 **어제** 음 **작**   日부수 (총 9획)   昨 昨 昨 昨 昨 昨 昨 昨 昨

❖ 순서에 맞게 昨 을 쓰고 훈과 음을 쓰세요.

昨	昨	昨	昨	昨
어제 작	어제 작	어제 작	어제 작	어제 작
昨	昨	昨	昨	昨

- ☐ 日 (작일) : 어제.   (日 : 날 일)

- ☐ 年 (작년) : 지난해.   (年 : 해 년)

- 상대 반의어 – 今 (이제 금)

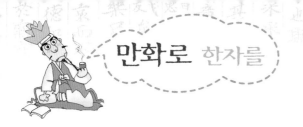

醫 의원 의

처방대로 잘 됐겠지?

그럼.

수업 끝났으면 집에 가서 숙제도 하고 집안일도 도울 일이지.

다 됐습니다.

약을 달이는 걸 보니 醫학에도 관심이 많은 모양이구나.

열심히 공부해서 허준 같은 명醫가 되는 것도 좋은 일이니라.

그게… 저어…

처방전 좀 보자. 무슨 약을 달이는 게냐?

뭣이?

독버섯, 지네, 비상…??

이렇게 독한 약을 만들다니….

이놈들이 내게 먹이려고?

그게 아니구요.

물에 풀어서 물고기 잡으려고요.

죽냐?

당장 그만둬!

우아! 뜬다, 떠!

작

사람 인   잠깐 사

사람(亻)이 옷감으로 옷을 지어서(乍) 입는다는 데서 **짓다, 만들다**를 뜻합니다.

훈 **지을** 음 **작**   亻(人)부수 (총 7획)   作 作 作 作 作 作 作

❖ 순서에 맞게 作을 쓰고 훈과 음을 쓰세요.

作	作	作	作	作
지을 작	지을 작	지을 작	지을 작	지을 작
作	作	作	作	作

- ☐ 業 (작업) : 일을 함.   (業 : 업 업)

- ☐ 家 (작가) : 문학 작품, 사진, 조각 따위의 예술품을 창작하는 사람.   (家 : 집 가)

- 作心三日 (작심삼일) : 단단히 먹은 마음이 사흘을 가지 못한다는 뜻으로, 결심이 굳지
  못함.   (心 : 마음 심 三 : 석 삼 日 : 날 일)

音 + 十 = 章
소리 음   열 십

소리(音)를 한 묶음씩(十) 끊어 기록한다는 데서 **글**을 뜻합니다.

훈 **글** 음 **장**   立부수 (총 11획)   章 章 章 章 章 章 章 章 章 章 章

❖ 순서에 맞게 章을 쓰고 훈과 음을 쓰세요.

章	章	章	章	章
글 장	글 장	글 장	글 장	글 장
章	章	章	章	章

· 文☐ **(문장)** : 생각이나 감정을 말과 글로 표현할 때 완결된 내용을 나타내는 최소의 단위.
(文 : 글월 문)

· 圖☐ **(도장)** : 개인, 단체 따위의 이름을 나무 따위에 새겨 문서에 찍도록 만든 물건.
(圖 : 그림 도)

· 유의어 – 書 (글 서) 文 (글월 문)

초목의 새싹이 땅속에서 땅 위로 솟아난 모습을 본뜬 글자로,
재주, **재능**을 뜻합니다.

| 훈 **재주** 음 **재** | 才(手)부수 (총 3획) | 才 才 才 |

❖ 순서에 맞게 才를 쓰고 훈과 음을 쓰세요.

才	才	才	才	才
재주 재	재주 재	재주 재	재주 재	재주 재
才	才	才	才	才

・英 ☐ (영재) : 뛰어난 재주. 또는 그런 사람.　　　　　(英 : 꽃부리 영)

・天 ☐ (천재) : 선천적으로 타고난 뛰어난 재주. 또는 그런 재능을 가진 사람.　(天 : 하늘 천)

・유의어 – 術 (재주 술)

在

才 + 土 = 在

재주 재   흙 토

뜻을 나타내는 土(흙 토)와 음을 나타내는 才(재주 재)가 합쳐진 글자로,
있다, **존재하다**를 뜻합니다.

훈 **있을** 음 **재**   土부수 (총 6획)   在 在 在 在 在 在

❖ 순서에 맞게 在 를 쓰고 훈과 음을 쓰세요.

在	在	在	在	在
있을 재	있을 재	있을 재	있을 재	있을 재
在	在	在	在	在

- ☐ 學 (재학) : 학교에 적을 두고 있음.   (學 : 배울 학)

- 人命 ☐ 天 (인명재천) : 사람의 목숨은 하늘에 달려 있다는 뜻으로, 목숨의 길고 짧음
은 사람의 힘으로 어쩔 수 없음. (人 : 사람 인 命 : 목숨 명 天 : 하늘 천)

- 유의어 - 有 (있을 유)

戰

단 + 戈 = 戰

홑 단　　　창 과

무기(單-갈라진 나무 끝에 돌을 매달아 만든 원시적인 무기, 戈-창)를 들고 싸운다는 데서 **싸우다**를 뜻합니다.

훈 **싸움** 음 **전**　　戈부수 (총 16획)　　戰 戰 戰 戰 戰 戰 戰 戰 戰 戰 戰 戰

❖ 순서에 맞게 戰을 쓰고 훈과 음을 쓰세요.

戰	戰	戰	戰	戰
싸움 전	싸움 전	싸움 전	싸움 전	싸움 전
戰	戰	戰	戰	戰

· ☐ 死 (전사) : 전쟁터에서 적과 싸우다 죽음.　　　　　　　　　　　　(死 : 죽을 사)

· 百 ☐ 百勝 (백전백승) : 싸울 때마다 다 이김.　　　　(百 : 일백 백　勝 : 이길 승)

· 상대 반의어 – 和 (화할 화)

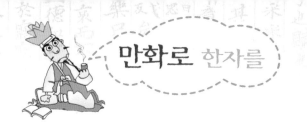

만화로 한자를

才 재주 재

훈장님, 계십니까?

구슬옥 날출

立志

지필묵(종이 · 붓 · 먹) 장수 김서방 아닌가. 어서 오게!

여기에 서당 차리셨다는 말을 들었습죠.

장사는 잘되고?

그저 먹고는 삽지요.

혹 지난 번처럼 말썽꾸러기 학생들을 만나서 고생이나 안 하시는지….

뜨끔!

그 나이 때 장난 심한 거야 당연하지 않나.

하기 그렇죠?

그래도 이번엔 才능이 뛰어난 아이들이 많아 기대가 크네.

그럼 앞으로 급제자가 쏟아지겠네요.

才능은 무슨 才능! 산토끼 때려잡는 재주? 남의 집 과수원 귀신같이 서리하는 재주?

소문날까 두려워 말을 못 하는 게지!

말 안해도 다 알지요!

1 다음 밑줄 친 漢字語의 讀音을 쓰세요.

(1) 그 의견에 <u>同意</u>합니다. ( )

(2) 수업 <u>始作</u>을 알리는 종소리가 울렸다. ( )

(3) 그는 <u>英才</u>로 소문났다. ( )

(4) 신문, 방송 등에서 기사를 모으거나 쓰는 사람을 <u>記者</u>라 한다.

( )

(5) 현대에는 <u>醫術</u>이 발달했다. ( )

(6) 내 이름을 새긴 예쁜 <u>圖章</u>을 만들었다. ( )

(7) 겨울철 <u>衣服</u>을 미리 준비했다. ( )

(8) 그는 가난한 <u>病者</u>를 치료하는 데 일생을 바쳤다. ( )

(9) 그 전투에서 많은 군인이 <u>戰死</u>했다. ( )

(10) <u>作業</u>은 오후 늦게까지 계속되었다. ( )

(11) 진정한 <u>名醫</u>는 병이 나기 전에 치료하는 사람이다.( )

(12) 많은 <u>讀者</u>가 그 책을 읽었다. ( )

(13) 두 나라는 군비 축소에 <u>合意</u>했다. ( )

(14) <u>作戰</u> 회의가 밤늦게까지 계속되었다. ( )

(15) 이곳은 도청 <u>所在地</u>이다. ( )

2 다음 漢字의 訓과 音을 쓰세요.

(1) 醫 (　　　　　　) 　　(2) 者 (　　　　　　)

(3) 在 (　　　　　　) 　　(4) 才 (　　　　　　)

(5) 衣 (　　　　　　) 　　(6) 昨 (　　　　　　)

(7) 戰 (　　　　　　) 　　(8) 章 (　　　　　　)

(9) 作 (　　　　　　) 　　(10) 意 (　　　　　　)

3 다음 밑줄 친 漢字語를 漢字로 쓰세요.

(1) 이 소설에는 작가의 사상이 잘 드러나 있다.　(　　　　)

(2) 허준은 동의보감이라는 의서를 저술했다.　(　　　　)

(3) 조카는 초등학교에 재학 중이다.　(　　　　)

(4) 그는 물리학 분야의 세계적인 학자이다.　(　　　　)

(5) 할아버지는 작년에 돌아가셨다.　(　　　　)

(6) 그것을 묻는 진짜 의도가 무엇입니까?　(　　　　)

(7) 새로운 전술을 구사해 전쟁에서 이겼다.　(　　　　)

(8) 그는 천재 시인이다.　(　　　　)

(9) 의식주 문제를 해결하다.　(　　　　)

(10) 문법에 어긋난 문장을 고쳤다.　(　　　　)

4 다음 漢字의 반의자(反義字) 또는 상대자(相對字)를 골라 그 번호를 쓰세요.

(1) 昨 : ① 今　② 住　③ 時　④ 全　　　　　　　（　　　　　）

(2) 戰 : ① 作　② 電　③ 和　④ 同　　　　　　　（　　　　　）

5 다음 (　　)에 알맞은 漢字를 보기 에서 찾아 그 번호를 쓰세요.

보기
　　　　　① 作　　② 在　　③ 衣　　④ 左

(1) 白(　　)民族 : 흰옷을 입은 민족, '한민족'을 이르는 말.
　　　　　　　　　　　　　　　　　　　　　　　（　　　　　）

(2) 人命(　　)天 : 사람의 목숨은 하늘에 달려 있다는 뜻으로, 목숨의
　　길고 짧음은 사람의 힘으로 어쩔 수 없음.　　（　　　　　）

(3) (　　)心三日 : 단단히 먹은 마음이 사흘을 가지 못한다는 뜻.
　　　　　　　　　　　　　　　　　　　　　　　（　　　　　）

6 다음 漢字와 뜻이 비슷한 漢字를 골라 그 번호를 쓰세요.

(1) 才 : ① 術　② 村　③ 土　④ 在　　　　　　　（　　　　　）

(2) 章 : ① 長　② 文　③ 門　④ 重　　　　　　　（　　　　　）

(3) 衣 : ① 育　② 答　③ 韓　④ 服　　　　　　　（　　　　　）

7 다음 중 소리(音)는 같으나 뜻(訓)이 다른 漢字를 골라 그 번호를 쓰세요.

(1) 者 : ① 全　② 自　③ 足　④ 左　　　　　　　（　　　　　）

(2) 意 : ① 音　② 醫　③ 空　④ 冬　　　　　　　（　　　　　）

8 다음 뜻과 소리를 가진 단어를 漢字로 쓰세요.

> 보기
>
> 몸무게.(체중) − (體重)

(1) 병을 고치는 데 쓰는 약.(의약)   (   )

(2) 지난해.(작년)   (   )

9 다음 漢字의 짙게 표시한 획은 몇 번째 쓰는 획인지 보기 에서 찾아 그 번호를 쓰세요.

> 보기
>
> ① 첫 번째   ② 두 번째   ③ 세 번째   ④ 네 번째
> ⑤ 다섯 번째   ⑥ 여섯 번째   ⑦ 일곱 번째   ⑧ 여덟 번째
> ⑨ 아홉 번째   ⑩ 열 번째   ⑪ 열한 번째   ⑫ 열두 번째

(1) 衣 (   )

(2) 昨 (   )

(3) 醫 (   )

◉ 한자로 표현된 속담을 익혀 보세요.

烏飛梨落 (오비이락)이라

까마귀 날자 배 떨어진다.

烏 : 까마귀 오　飛 : 날 비　梨 : 배 리　落 : 떨어질 락

6급 한자능력검정시험

 庭 뜰 정

 定 정할 정

 第 차례 제

 題 제목 제

 朝 아침 조

 族 겨레 족

 注 부을 주

 晝 낮 주

 集 모을 집

 窓 창 창

庭　　广 **+** 廷 **=** 庭

집 엄　　　조정 정

뜻을 나타내는 广(집 엄)과 음을 나타내는 廷(조정 정)이 합쳐진 글자로, **뜰**을 뜻합니다.

훈 **뜰** 음 **정**　　广 부수 (총 10획)　　庭庭庭庭庭庭庭庭庭庭

❖ 순서에 맞게 庭을 쓰고 훈과 음을 쓰세요.

庭	庭	庭	庭	庭
뜰 정	뜰 정	뜰 정	뜰 정	뜰 정
庭	庭	庭	庭	庭

• 校□ (교정) : 학교의 마당이나 운동장.　　　　　　　　(校 : 학교 교)

• □園 (정원) : 집 안에 있는 뜰이나 꽃밭.　　　　　　　(園 : 동산 원)

• 유의어 – 園 (동산 원)

집 면   바를 정

사당이나 집(宀) 안의 물건을 정돈(正)하여 넣기 위해 자리를 정한다는 데서 **정하다**를 뜻합니다.

훈 **정할** 음 **정**   宀부수 (총 8획)   定 定 定 定 定 定 定 定

❖ 순서에 맞게 定을 쓰고 훈과 음을 쓰세요.

定	定	定	定	定
정할 정	정할 정	정할 정	정할 정	정할 정
定	定	定	定	定

- ☐ 立 **(정립)** : 정하여 세움.   (立 : 설 립)

- 安 ☐ **(안정)** : 바뀌어 달라지지 아니하고 일정한 상태를 유지함.   (安 : 편안 안)

- **동음이의어** – 正 (바를 정) 庭 (뜰 정)

竹 + 弟 = 第

대 죽   아우 제(넝쿨이 아래로 내려오는 모양)

대나무(竹)에 글을 써서 위에서 아래로 엮은 것(弟)이라는 데서
차례, **순서**를 뜻합니다.

훈 **차례** 음 **제**   ~~~ (竹)부수 (총 11획)   第 第 第 第 第 第 第 第 第 第 第

❖ 순서에 맞게 第 를 쓰고 훈과 음을 쓰세요.

第	第	第	第	第
차례 제	차례 제	차례 제	차례 제	차례 제
第	第	第	第	第

· ☐ 一 (제일) : 여럿 가운데서 첫째가는 것.   (一 : 한 일)

· 天下 ☐ 一 (천하제일) : 세상에 견줄 만한 것이 없이 최고임.
                                        (天 : 하늘 천 下 : 아래 하 一 : 한 일)

· 유의어 – 番 (차례 번)

題

是 + 頁 = 題

옳을 시　　　머리 혈

처음 보아 옳게(是) 알 수 있는 글의 머리(頁)와 같다는 데서 **제목**을 뜻합니다.

훈 **제목** 음 **제**　頁부수 (총 18획)　題 題 題 題 題 題 題 題 題 題 題 題

❖ 순서에 맞게 題를 쓰고 훈과 음을 쓰세요.

題	題	題	題	題
제목 제	제목 제	제목 제	제목 제	제목 제
題	題	題	題	題

・話 ☐ **(화제)** : ① 이야기의 제목. ② 이야깃거리.　　　　　　　(話 : 말씀 화)

・主 ☐ **(주제)** : 대화나 연구 따위에서 중심이 되는 문제.　　　(主 : 주인/임금 주)

・동음이의어 – 弟 (아우 제)　第 (차례 제)

朝

卓 + 月 = 朝

해돋을 간   달 월

태양(日)이 풀(艹) 속에서 솟아오르고 새벽달(月)은 아직 서쪽에
남아 있는 모습에서 **아침**을 뜻합니다.

훈 **아침** 음 **조**   月부수 (총 12획)

❖ 순서에 맞게 朝를 쓰고 훈과 음을 쓰세요.

朝	朝	朝	朝	朝
아침 조	아침 조	아침 조	아침 조	아침 조
朝	朝	朝	朝	朝

• ☐ 夕 **(조석)** : 아침과 저녁.   (夕 : 저녁 석)

• 花 ☐ 月夕 **(화조월석)** : 꽃 피는 아침과 달 밝은 밤이라는 뜻으로, 경치가 좋은 시절을
            이름.   (花 : 꽃 화 月 : 달 월 夕 : 저녁 석)

• 상대 반의어 – 夕 (저녁 석)

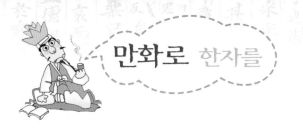

만화로 한자를

定 정할 정

너희들 말썽에 내 두 손 두 발 다 들었느니라!

생각 끝에 짐 싸서 이 고을을 떠나기로 했도다.

아이고, 훈장님 안돼요.

아버지가 우리 가만 안 놔둘 거예요.

충격 요법이 효과가 있군.

가지 마세요.

좋다! 그렇다면 앞으로 열심히 공부만 하겠느냐?

콩 서리, 닭 서리 안 하고 토끼 쫓아 서당 안 빼먹고?

숙제 꼬박꼬박하고 수박밭 안 망쳐 놓고 그리고….

저어…. 훈장님!

그냥 定 하신대로 하세요.

저희도 그냥 윗마을 운곡서당으로 옮기기로 결定 했으니까요.

그간 감사했습니다

旗 ➡ 方 ＋ 矢 ＝ 族

기 기　　　　　화살 시

깃발 아래 같은 핏줄의 무리가 활을 들고 싸운다는 데서 **겨레**, **민족**을
뜻합니다.

훈 **겨레** 음 **족**　　方부수 (총 11획)　　族 族 族 族 族 族 族 族 族 族 族

❖ 순서에 맞게 族을 쓰고 훈과 음을 쓰세요.

族	族	族	族	族
겨레 족	겨레 족	겨레 족	겨레 족	겨레 족
族	族	族	族	族

· 家 ☐ (가족) : 주로 부부를 중심으로 한, 친족 관계에 있는 사람들의 집단.　　(家 : 집 가)

· 民 ☐ (민족) : 일정한 지역에서 오랜 세월 동안 공동생활을 해 온 집단.　　(民 : 백성 민)

· 白衣民族 (백의민족) : 흰옷을 입은 민족, '한민족'을 이르는 말.

(白 : 흰 백　衣 : 옷 의　民 : 백성 민)

注

氵 + 主 = 注

물 수   주인 주

물을 일정 기간 동안 모아 다른 용기에 퍼 옮긴다는 데서
물대다, **부어 넣다**를 뜻합니다.

훈 **부을** 음 **주**   氵(水)부수 (총 8획)

注 注 注 注 注 注 注 注

❖ 순서에 맞게 注를 쓰고 훈과 음을 쓰세요.

注	注	注	注	注
부을 주	부을 주	부을 주	부을 주	부을 주
注	注	注	注	注

· ☐ 目 (주목) : 관심을 가지고 주의 깊게 살핌.   (目 : 눈 목)

· ☐ 油所 (주유소) : 자동차 따위에 기름을 넣는 곳.   (油 : 기름 유)(所 : 바 소)

· **동음이의어** – 主 (주인/임금 주) 住 (살 주) 晝 (낮 주)

聿 + 日 + 一 = 晝

붓 율　　　날 일　　　한 일

해(日)가 떠서 질 때까지 시간에 대해 앞뒤의 경계선(一)을 그린다(聿)는 데서 **낮**을 뜻합니다.

훈 **낮** 음 **주**　　日부수 (총 11획)

晝晝晝晝晝晝晝晝晝晝晝

❖ 순서에 맞게 晝를 쓰고 훈과 음을 쓰세요.

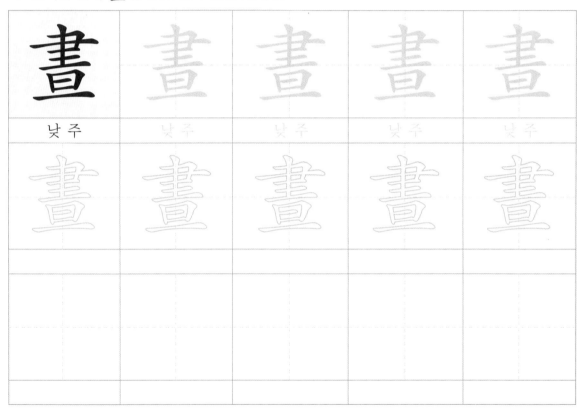

晝	晝	晝	晝	晝
낮 주	낮 주	낮 주	낮 주	낮 주
晝	晝	晝	晝	晝

- [ ] 間 **(주간)** : 먼동이 터서 해가 지기 전까지의 동안.　　　　　(間 : 사이 간)

- [ ] 夜長川 **(주야장천)** : 밤낮으로 쉬지 아니하고 연달아.
　　　　　　　　　　　　　　　　　(夜 : 밤 야　長 : 긴 장　川 : 내 천)

- 상대 반의어 – 夜 (밤 야)

佳 + 木 = 集

새 추   나무 목

새(佳)가 나무(木) 위에 앉아 있는 모양을 본뜬 글자로, **모이다**를 뜻합니다.

훈 **모을** 음 **집**   佳부수 (총 12획)   集 集 集 集 集 集 集 集 集

❖ 순서에 맞게 集을 쓰고 훈과 음을 쓰세요.

集	集	集	集	集
모을 집	모을 집	모을 집	모을 집	모을 집
集	集	集	集	集

- ☐ **計** (집계) : 이미 된 계산들을 한데 모아서 계산함.   (計 : 셀 계)

- ☐ **中** (집중) : 한 가지 일에 모든 힘을 쏟아부음.   (中 : 가운데 중)

- 유의어 – 社 (모일 사) 會 (모일 회)

窓

穴 + 息 = 窓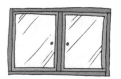

구멍 혈   밝을 총

벽에 구멍(穴)을 내어 밝은(息) 빛을 받는 **창**을 뜻합니다.

훈 **창** 음 **창**   穴부수 (총 11획)   窓窓窓窓窓窓窓窓窓窓窓

❖ 순서에 맞게 窓을 쓰고 훈과 음을 쓰세요.

窓	窓	窓	窓	窓
창 창	창 창	창 창	창 창	창 창
窓	窓	窓	窓	窓

- ☐ 口 (창구) : 창을 내거나 뚫어 놓은 곳.   (口 : 입 구)

- ☐ 門 (창문) : 밖을 내다볼 수 있도록 벽이나 지붕에 낸 문.   (門 : 문 문)

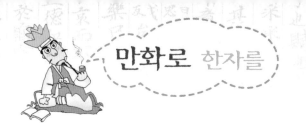

만화로 한자를

族 겨레 족

1 다음 밑줄 친 漢字語의 讀音을 쓰세요.

(1) 그는 올해 <u>話題</u>의 인물로 뽑혔다. ( )

(2) 그는 <u>民族</u>의 영웅으로 거듭났다. ( )

(3) 북한 주민이 <u>第三國</u>을 통해 망명했다. ( )

(4) 수업 종이 <u>校庭</u>에 울려 퍼졌다. ( )

(5) 그는 <u>晝夜</u>로 쉬지 않고 공부한다. ( )

(6) 유교 이념을 국시로 <u>定立</u>했다. ( )

(7) 그의 행동이 모든 사람의 <u>注目</u>을 끌었다. ( )

(8) 그는 부모님께 <u>朝夕</u>으로 문안 인사를 드린다. ( )

(9) 투표용지 <u>集計</u>를 끝마쳤다. ( )

(10) 오랜만에 초등학교 <u>同窓</u>을 만났다. ( )

(11) <u>問題</u>의 정답을 맞혔다. ( )

(12) 그는 엄한 <u>家庭</u>에서 태어났다. ( )

(13) 오늘 <u>朝禮</u>는 강당에서 했다. ( )

(14) 계획대로 적의 <u>注意</u>가 다른 곳으로 쏠렸다. ( )

(15) <u>題目</u>만 보아도 어떤 내용인지 짐작이 간다. ( )

2 다음 漢字의 訓과 音을 쓰세요.

(1) 題 (　　　　　　　)　　　　(2) 族 (　　　　　　　)

(3) 定 (　　　　　　　)　　　　(4) 窓 (　　　　　　　)

(5) 晝 (　　　　　　　)　　　　(6) 朝 (　　　　　　　)

(7) 第 (　　　　　　　)　　　　(8) 注 (　　　　　　　)

(9) 集 (　　　　　　　)　　　　(10) 庭 (　　　　　　　)

3 다음 밑줄 친 漢字語를 漢字로 쓰세요.

(1) 환기를 시키기 위해 창문을 활짝 열었다.　　　(　　　　　　　)

(2) 자연의 아름다움을 주제로 한 그림을 그렸다.　(　　　　　　　)

(3) 나는 과일 중에 사과를 제일 좋아한다.　　　(　　　　　　　)

(4) 치솟던 농산물 가격이 안정되었다.　　　　(　　　　　　　)

(5) 조선왕조실록이 유네스코 세계 기록 유산으로 지정되었다.

(　　　　　　　)

(6) 온 가족이 놀이공원으로 갔다.　　　　　　(　　　　　　　)

(7) 자동차에 주유했다.　　　　　　　　　　(　　　　　　　)

(8) 주간에만 일하는 공장에 취업했다.　　　　(　　　　　　　)

(9) 적군에게 집중 공격을 가했다.　　　　　　(　　　　　　　)

(10) 정원에 꽃을 심었다.　　　　　　　　　(　　　　　　　)

4 다음 漢字의 반의자(反義字) 또는 상대자(相對字)를 골라 그 번호를 쓰세요.

(1) 朝 : ① 韓 ② 月 ③ 多 ④ 夕 (   )

(2) 晝 : ① 夜 ② 前 ③ 書 ④ 祖 (   )

5 다음 (   )에 알맞은 漢字를 보기에서 찾아 그 번호를 쓰세요.

보기

① 室   ② 第   ③ 朝   ④ 家

(1) 天下(   )一 : 세상에 견줄 만한 것이 없이 최고임.

(   )

(2) 花(   )月夕 : 꽃 피는 아침과 달 밝은 밤이라는 뜻으로, 경치가 좋은 시절을 이름. (   )

6 다음 漢字와 뜻이 비슷한 漢字를 골라 그 번호를 쓰세요.

(1) 集 : ① 會 ② 木 ③ 樹 ④ 水 (   )

(2) 庭 : ① 定 ② 樹 ③ 園 ④ 家 (   )

7 다음 중 소리(音)는 같으나 뜻(訓)이 다른 漢字를 골라 그 번호를 쓰세요.

(1) 定 : ① 安 ② 正 ③ 全 ④ 動 (   )

(2) 第 : ① 祖 ② 線 ③ 禮 ④ 弟 (   )

(3) 注 : ① 全 ② 書 ③ 王 ④ 晝 (   )

8 다음 뜻과 소리를 가진 단어를 漢字로 쓰세요.

> 보기
>
> 몸무게.(체중) − (體重)

(1) 이미 된 계산들을 한데 모아서 계산함.(집계)　　　(　　　　　)

(2) 정하여 세움.(정립)　　　　　　　　　　　　　(　　　　　)

9 다음 漢字의 짙게 표시한 획은 몇 번째 쓰는 획인지 보기 에서 찾아 그 번호를 쓰세요.

> 보기
>
> ① 첫 번째　　② 두 번째　　③ 세 번째　　④ 네 번째
> ⑤ 다섯 번째　⑥ 여섯 번째　⑦ 일곱 번째　⑧ 여덟 번째
> ⑨ 아홉 번째　⑩ 열 번째　　⑪ 열한 번째　⑫ 열두 번째

(1) 朝 (　　　　　)

(2) 族 (　　　　　)

(3) 庭 (　　　　　)

◎ 한자로 표현된 속담을 익혀 보세요.

遠族不如近隣 이라
(원 족 불 여 근 린)

멀리 있는 친척이 가까운 이웃만 못하다.

遠 : 멀 원   族 : 겨레 족   不 : 아닐 불   如 : 같을 여   近 : 가까울 근   隣 : 이웃 린

 清 맑을 청

 體 몸 체

 親 친할 친

 太 클 태

 通 통할 통

 特 특별할 특

 表 겉 표

 風 바람 풍

 合 합할 합

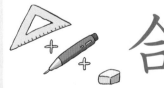 幸 다행 행

清

 氵 + 青 = 清

　　물 수　　푸를 청

물(氵)이 맑고 푸르다(青)는 데서 **맑다**를 뜻합니다.

훈 **맑을** 음 **청**　　氵(水)부수 (총 11획)　　清 清 清 清 清 清 清 清 清 清 清

❖ 순서에 맞게 清을 쓰고 훈과 음을 쓰세요.

清	清	清	清	清
맑을 청	맑을 청	맑을 청	맑을 청	맑을 청
清	清	清	清	清

- [　] 風 **(청풍)** : 부드럽고 맑은 바람.　　　　　　　　　　　　　　　(風 : 바람 풍)

- [　] 明 **(청명)** : ① 날씨가 맑고 밝음.　② 24절기의 하나로 4월 5일 무렵.　(明 : 밝을 명)

- 清風明月 **(청풍명월)** : 맑은 바람과 밝은 달.　　(風 : 바람 풍　明 : 밝을 명　月 : 달 월)

월   일   이름 |확인

骨 + 豊 = 體

뼈 골   풍성할 풍

뜻을 나타내는 骨(뼈 골)과 음을 나타내는 豊(풍성할 풍)이 합쳐진 글자로,
몸을 뜻합니다.

훈 **몸** 음 **체**   骨부수 (총 23획)

❖ 순서에 맞게 體를 쓰고 훈과 음을 쓰세요.

體	體	體	體	體
몸 체	몸 체	몸 체	몸 체	몸 체
體	體	體	體	體

- [ ] **力** (체력) : 육체적 활동을 할 수 있는 몸의 힘.   (力 : 힘 력)

- [ ] **育** (체육) : 일정한 운동 따위를 통하여 신체를 튼튼하게 단련시키는 일.   (育 : 기를 육)

• 유의어 – **身** (몸 신)   • 상대 반의어 – **心** (마음 심)

親

立 + 木 + 見 = 親
설 립　　　나무 목　　　볼 견

나무(木)처럼 늘 가깝게 서서(立) 보살펴(見) 준다는 데서 **친하다**를 뜻합니다.

훈 **친할** 음 **친**　　　見부수 (총 16획)　　　親 親 親 親 親 親 親 親 親 親 親 親 親

❖ 순서에 맞게 親을 쓰고 훈과 음을 쓰세요.

親	親	親	親	親
친할 친	친할 친	친할 친	친할 친	친할 친
親	親	親	親	親

• ☐庭 (친정) : 결혼한 여자의 부모 형제 등이 살고 있는 집.　　　(庭 : 뜰 정)

• 父子有☐ (부자유친) : 오륜의 하나. 아버지와 아들 사이의 도리는 친애에 있음.
　　　　　　　　　　　　(父 : 아비 부　子 : 아들 자　有 : 있을 유)

• 유의어 – 近 (가까울 근)

太

大 + 、 = 太
큰 대   점 주

큰 것(大)에 점(、) 하나를 찍어 더 크다는 것을 나타낸 글자로, **크다**를 뜻합니다.

훈 **클** 음 **태**   大부수 (총 4획)   太 太 太 太

❖ 순서에 맞게 太 를 쓰고 훈과 음을 쓰세요.

太	太	太	太	太
클 태	클 태	클 태	클 태	클 태
太	太	太	太	太

- [ ] 古 (태고) : 아득한 옛날.   (古 : 예 고)

- [ ] 陽 (태양) : 태양계의 중심이 되는 항성.   (陽 : 볕 양)

- 유의어 – 大 (큰 대)   · 상대 반의어 – 小 (작을 소)

甬 + 辶 = 通
길 용   쉬엄쉬엄 갈 착

뜻을 나타내는 辶(쉬엄쉬엄 갈 착)과 음을 나타내는 甬(길 용)이 합쳐진 글자로, **통하다**를 뜻합니다.

훈 **통할** 음 **통**   辶(辵)부수 (총 11획)   通 通 通 通 通 通 通 通 通 通 通

❖ 순서에 맞게 通을 쓰고 훈과 음을 쓰세요.

通	通	通	通	通
통할 통	통할 통	통할 통	통할 통	통할 통
通	通	通	通	通

- ☐ **話** (**통화**) : 전화로 말을 주고받음. (話 : 말씀 화)

- ☐ **路** (**통로**) : 통하여 다니는 길. (路 : 길 로)

- **一方通行** (**일방통행**) : 일정한 구간을 지정하여 한 방향으로만 가도록 하는 일.
 (一 : 한 일 方 : 모 방 行 : 다닐 행)

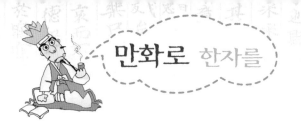

만화로 한자를

親 친할 친

앗! 이거 훈장님 옷 아니냐?

맞아.

이를 어쩐다.

아침부터 푹푹 찌길래 체면 불구하고 들어왔더니

여기는 범이 다니는 곳인데.

서당 다니는 길도 아닌데 왜 이리로 왔담?

웅성

웅성

여기 좀 봐~ 훈장님이 안 끌려 가려고 발버둥친 흔적도 있어

제멋대로 갖다 붙이는군.

우리 훈장님 어쩌면 좋아. 옷만 놔두고 알맹이만 잡혀가셨네.

영영!

뭐? 알맹이?

사람되라 가르치신 태산 같은 은혜 갚을 길이 없는데….

말이나 못하면….

언저 가시다니 엉엉~

빨리 훈장님 親척, 親구들에게 알리자.

상복도 짓고.

유품(돌아가신 후 남긴 물건)도 잘 챙겨.

옷까지 다 들고 갔군.

牛 + 寺 = 特

소 우　　　절(관청) 사

옛날 관청(寺)에서 중대한 일을 결정할 때 크고 힘센 소(牛)를 잡아 제사를 지낸다는 데서 **특별하다**를 뜻합니다.

훈 **특별할** 음 **특**　牛부수 (총 10획)

　特 特 特 特 特 特 特 特 特 特

❖ 순서에 맞게 特을 쓰고 훈과 음을 쓰세요.

特	特	特	特	特
특별할 특	특별할 특	특별할 특	특별할 특	특별할 특
特	特	特	特	特

- ☐ **別** (특별) : 보통과 구별되게 다름.　　　　　　　　　　(別 : 다를/나눌 별)

- ☐ **使** (특사) : 특별한 임무를 띠고 파견하는 사절.　　　　(使 : 하여금/부릴 사)

- 모양이 비슷한 한자 – 待 (기다릴 대)

毛 + 衣 = 表

털 모   옷 의

모피 털(毛)이 있는 옷(衣)을 겉쪽으로 입는다는 데서 **겉, 표면**을 뜻합니다.

훈 **겉** 음 **표**   衣부수 (총 8획)

表 表 表 表 表 表 表 表

❖ 순서에 맞게 表 를 쓰고 훈과 음을 쓰세요.

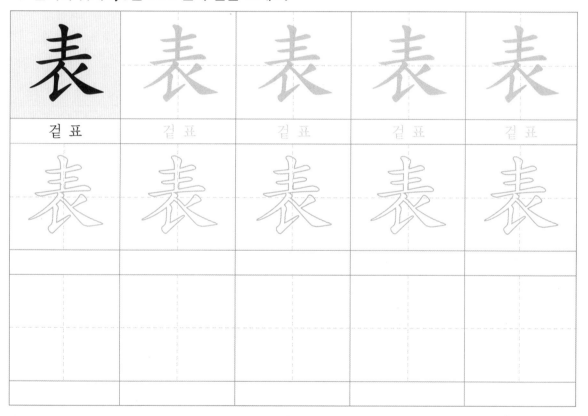

表	表	表	表	表
겉 표	겉 표	겉 표	겉 표	겉 표
表	表	表	表	表

- ☐ 面 (표면) : 사물의 가장 바깥쪽.   (面 : 낯 면)

- ☐ 現 (표현) : 생각이나 느낌 따위를 언어나 몸짓 따위의 형상으로 드러내어 나타냄.
                                                        (現 : 나타날 현)

風

모든(凡) 벌레(虫)들이 사는 데 필요한 공기의 유동이 바람이라는 데서
바람을 뜻합니다.

훈 **바람** 음 **풍**　　風부수 (총 9획)　　　

❖ 순서에 맞게 風을 쓰고 훈과 음을 쓰세요.

風	風	風	風	風
바람 풍	바람 풍	바람 풍	바람 풍	바람 풍
風	風	風	風	風

- ☐ 聞 **(풍문)** : 바람처럼 떠도는 소문.　　　　　　　　　　　(聞 : 들을 문)

- ☐ 車 **(풍차)** : 바람의 힘을 기계적인 힘으로 바꾸는 장치.　　　(車 : 수레 거/차)

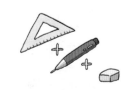

윗부분은 뚜껑, 아랫부분은 원형의 그릇으로, 뚜껑과 그릇이 서로 합해져 있는 데서 **합하다**, **모으다**를 뜻합니다.

훈 **합할** 음 **합**   口부수 (총 6획)

合 合 合 合 合 合

❖ 순서에 맞게 合을 쓰고 훈과 음을 쓰세요.

合	合	合	合	合
합할 합	합할 합	합할 합	합할 합	합할 합
合	合	合	合	合

- ☐ **計** (합계) : 한데 합하여 계산함.   (計 : 셀 계)

- ☐ **理** (합리) : 이론이나 이치에 합당함.   (理 : 다스릴 리)

- 상대 반의어 – **分** (나눌 분) **班** (나눌 반) **別** (다를/나눌 별)

훈 **다행** 음 **행**   干부수 (총 8획)

죄인의 목이나 손에 채우던 칼 또는 쇠고랑의 모양을 본뜬 글자로, 칼을 쓰지 않음에서 **다행**을 뜻합니다.

幸 幸 幸 幸 幸 幸 幸 幸

❖ 순서에 맞게 幸을 쓰고 훈과 음을 쓰세요.

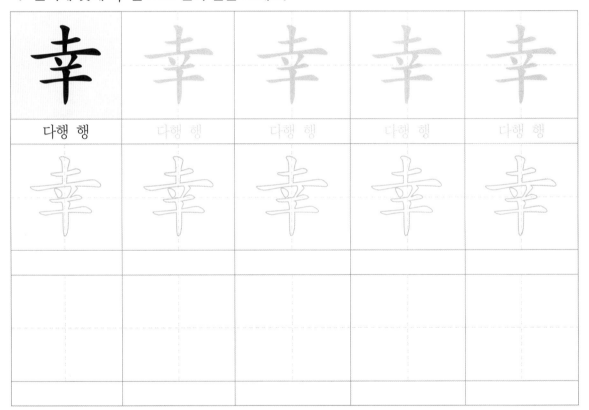

幸	幸	幸	幸	幸
다행 행	다행 행	다행 행	다행 행	다행 행
幸	幸	幸	幸	幸

・不☐ (불행) : 행복하지 아니함.   (不 : 아닐 불)

・千萬多☐ (천만다행) : 아주 다행함.   (千 : 일천 천 萬 : 일만 만 多 : 많을 다)

・**동음이의어** – 行 (다닐 행/항렬 항)

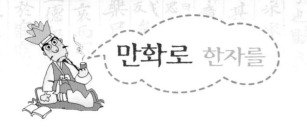

幸 다행 행

에휴~ 귀 따가워. 넌 누군데 서당 마당에서 한여름 매미처럼 울고 있느냐?

앵앵... 앵─앵...

밤 딴다고 신발을 던지다가 나뭇가지에 걸렸구나.

앵─앵...

좀 조용히 해랏! 지금 올라가잖아!

앵 앵

!

앵!

쿵!

으악!

이만하길 불幸 중 다幸일세.

나잇값 좀 하게! 애들도 아니고 밤나무에서 떨어지다니.

의원

그게 아니라니까….

벌써 온 동네에 소문이 다 났네. 오죽 밤이 먹고 싶으면 그랬겠냐구?

훈장님, 계셔유~ 밤 좀 가져 왔는데유~

으이그~

1 다음 밑줄 친 漢字語의 讀音을 쓰세요.

(1) 수평선으로 太陽이 떠올랐다.　　　　　　　　（　　　　　）

(2) 그는 자신의 의견을 또박또박 發表했다.　　　（　　　　　）

(3) 그는 음악에 대한 재능이 特出하다.　　　　　（　　　　　）

(4) 한 줄기 淸風이 불었다.　　　　　　　　　　（　　　　　）

(5) 이 동네는 交通이 편리하다.　　　　　　　　（　　　　　）

(6) 대통령 特使가 파견되었다.　　　　　　　　　（　　　　　）

(7) 각종 體育 시설이 세워졌다.　　　　　　　　（　　　　　）

(8) 風聞은 꼬리에 꼬리를 물고 퍼져 나갔다.　　（　　　　　）

(9) 體溫이 점점 떨어졌다.　　　　　　　　　　　（　　　　　）

(10) 不幸이 잇따라 닥쳤다.　　　　　　　　　　　（　　　　　）

(11) 그는 일을 合理적으로 진행했다.　　　　　　（　　　　　）

(12) 그녀는 家風이 엄한 집에서 자랐다.　　　　　（　　　　　）

(13) 通風을 위하여 창을 새로 냈다.　　　　　　　（　　　　　）

(14) 시집온 후 처음으로 親庭 나들이를 갔다.　　（　　　　　）

(15) 그의 집에 幸運이 깃들기를 기원한다.　　　　（　　　　　）

2 다음 漢字의 訓과 音을 쓰세요.

(1) 淸 (　　　　　　) 　　　(2) 特 (　　　　　　)

(3) 合 (　　　　　　) 　　　(4) 風 (　　　　　　)

(5) 太 (　　　　　　) 　　　(6) 體 (　　　　　　)

(7) 表 (　　　　　　) 　　　(8) 幸 (　　　　　　)

(9) 親 (　　　　　　) 　　　(10) 通 (　　　　　　)

3 다음 밑줄 친 漢字語를 漢字로 쓰세요.

(1) 전화 통화는 용건만 간단히. 　　　　　　　(　　　　　)

(2) 체력을 키우기 위해 운동을 했다. 　　　　　(　　　　　)

(3) 네덜란드는 풍차의 나라로 유명하다. 　　　(　　　　　)

(4) 정치가 잘되어야 나라가 태평하다. 　　　　(　　　　　)

(5) 하늘은 푸르고 구름 없는 청명한 날씨다. 　(　　　　　)

(6) 음주 운전 특별 단속이 있었다. 　　　　　　(　　　　　)

(7) 구입한 물건의 합계는 얼마입니까? 　　　　(　　　　　)

(8) 오늘 선친의 제사가 있습니다. 　　　　　　(　　　　　)

(9) 표면이 매끄럽다. 　　　　　　　　　　　　(　　　　　)

(10) 불이 났으나 다행히 다친 사람은 없었다. 　(　　　　　)

4 다음 漢字의 반의자(反義字) 또는 상대자(相對字)를 골라 그 번호를 쓰세요.

(1) 體 : ① 育   ② 心   ③ 身   ④ 足   (   )

(2) 太 : ① 水   ② 數   ③ 小   ④ 大   (   )

(3) 合 : ① 表   ② 分   ③ 角   ④ 風   (   )

5 다음 ( )에 알맞은 漢字를 보기 에서 찾아 그 번호를 쓰세요.

보기

① 親   ② 新   ③ 淸   ④ 幸

(1) 千萬多( ) : 아주 다행함.   (   )

(2) 父子有( ) : 아버지와 아들 사이의 도리는 친애에 있음.

                                            (   )

(3) ( )風明月 : 맑은 바람과 밝은 달.   (   )

6 다음 漢字와 뜻이 비슷한 漢字를 골라 그 번호를 쓰세요.

(1) 體 : ① 主   ② 母   ③ 身   ④ 新   (   )

(2) 太 : ① 大   ② 小   ③ 重   ④ 等   (   )

(3) 親 : ① 遠   ② 新   ③ 近   ④ 集   (   )

7 다음 중 소리(音)는 같으나 뜻(訓)이 다른 漢字를 골라 그 번호를 쓰세요.

(1) 淸 : ① 白   ② 靑   ③ 重   ④ 體   (   )

8 다음 뜻과 소리를 가진 단어를 漢字로 쓰세요.

> 보기
>
> 몸무게.(체중) − (體重)

(1) 아득한 옛날.(태고)　　　　　　　　　　　(　　　　　　)

(2) 통하여 다니는 길. (통로)　　　　　　　　(　　　　　　)

9 다음 漢字의 짙게 표시한 획은 몇 번째 쓰는 획인지 보기 에서 찾아 그 번호를 쓰세요.

> 보기
>
> ① 첫 번째　　② 두 번째　　③ 세 번째　　④ 네 번째
> ⑤ 다섯 번째　⑥ 여섯 번째　⑦ 일곱 번째　⑧ 여덟 번째
> ⑨ 아홉 번째　⑩ 열 번째　　⑪ 열한 번째　⑫ 열두 번째

(1) 表 (　　　)　　　　　(2) 親 (　　　)

(3) 特 (　　　)

○ 한자로 표현된 속담을 익혀 보세요.

他人之宴에 曰梨曰柿한다
(타 인 지 연 왈 리 왈 시)

남의 잔치에 배 놓아라 감 놓아라 한다.

선생님께서 체험 학습 장소를 우리끼리 정하라는데 어디가 좋을까?

반장

철도박물관 어떨까?

에이, 거긴 별루야.

그럼 농업 박물관은?

겨우 생각하는 거라곤….

근데 넌 왜 남의 잔치에 배 놓아라 감 놓아라 하는 거야?

우리 반도 아니면서….

반을 잘못 들어왔구나.

他:남 타 人:사람 인 之:어조사 지 宴:잔치 연 曰:가로 왈 梨:배 리 柿:감 시

6급 ③과정 한자능력검정시험

 行 다닐 행 / 항렬 항

向 향할 향

 現 나타날 현

 形 모양 형

 號 이름 호

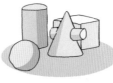 和 화할 화

 畵 그림 화 / 그을 획

 黃 누를 황

 會 모일 회

 訓 가르칠 훈

길의 네 거리의 모양을 본뜬 글자로, **다니다**를 뜻합니다.

훈 **다닐/항렬** 음 **행/항**　行부수 (총 6획)　　　　行 行 行 行 行 行

❖ 순서에 맞게 行을 쓰고 훈과 음을 쓰세요.

行	行	行	行	行
다닐 행/항렬 항	다닐 행/항렬 항	다닐 행/항렬 항	다닐 행/항렬 항	다닐 행/항렬 항
行	行	行	行	行

- ☐ **動** (행동) : 몸을 움직여 동작을 하거나 어떤 일을 함.　　(動 : 움직일 동)

- ☐ **軍** (행군) : 여러 사람이 줄을 지어 먼 거리를 이동하는 일.　　(軍 : 군사 군)

- 상대 반의어 – 言 (말씀 언)

본래는 북쪽으로 난 창문이란 뜻에서 의미가 확장되어 **향하다**를 뜻하게 된 한자입니다.

훈 **향할** 음 **향**   口부수 (총 6획)   向 向 向 向 向 向

❖ 순서에 맞게 向을 쓰고 훈과 음을 쓰세요.

向	向	向	向	向
향할 향	향할 향	향할 향	향할 향	향할 향
向	向	向	向	向

· 方 ☐ (방향) : 어떤 방위를 향한 쪽.   (方 : 모 방)

· ☐ 上 (향상) : 실력, 수준, 기술 따위가 나아짐.   (上 : 윗 상)

現

玉 ➡ 王 ＋ 見 ＝ 現
구슬 옥　　　　　　볼 견

옥(玉)을 갈고 닦으면 빛이 나타난다는(見) 데서 **나타나다**를
뜻합니다.

훈 **나타날** 음 **현**　　玉부수 (총 11획)　　　現 現 現 現 現 現 現 現 現 現 現

❖ 순서에 맞게 現을 쓰고 훈과 음을 쓰세요.

現	現	現	現	現
나타날 현	나타날 현	나타날 현	나타날 현	나타날 현
現	現	現	現	現

- ☐ 在 (현재) : 지금의 시간.　　　　　　　　　　　　　　　　(在 : 있을 재)

- ☐ 代 (현대) : 지금의 시대.　　　　　　　　　　　　　　　　(代 : 대신할 대)

形

开 + 彡 = 形

평평할 견 　터럭 삼

뜻을 나타내는 彡(터럭 삼)과 음을 나타내는 开(평평할 견)이 합쳐진 글자로, 생김새가 뚜렷이 보인다는 데서 **모양**을 뜻합니다.

훈 **모양** 음 **형**　彡부수 (총 7획)　形 形 形 形 形 形 形

❖ 순서에 맞게 形을 쓰고 훈과 음을 쓰세요.

形	形	形	形	形
모양 형	모양 형	모양 형	모양 형	모양 형
形	形	形	形	形

- ☐ 式 **(형식)** : 사물이 외부로 나타나 보이는 모양.　(式 : 법 식)

- ☐ 體 **(형체)** : 물건의 생김새나 그 바탕이 되는 몸체.　(體 : 몸 체)

- 形形色色 **(형형색색)** : 형상과 빛깔 따위가 서로 다른 여러 가지.　(色 : 빛 색)

號

 号 + 虎 = 號

부를 호   범 호

뜻을 나타내는 虎(범 호)와 음을 나타내는 号(부를 호)가 합쳐진 글자로,
호랑이가 사납게 외치다는 데서 **부르다**를 뜻합니다.

훈 이름 음 호   虎부수 (총 13획)   號 號 號 號 號 號 號 號 號 號 號

❖ 순서에 맞게 號를 쓰고 훈과 음을 쓰세요.

號	號	號	號	號
이름 호	이름 호	이름 호	이름 호	이름 호
號	號	號	號	號

• 國 ☐ (국호) : 나라의 이름.   (國 : 나라 국)

• ☐ 角 (호각) : 불어서 소리를 내는 신호용 도구.   (角 : 뿔 각)

• 유의어 – 名 (이름 명)

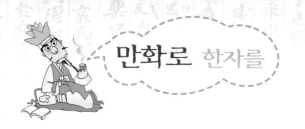

만화로 한자를

號 이름 호

그럼 잘 있게, 초계.

조심히 가게나.

훈장님 함자(이름)가 「초계」였어요?

저번에 호패를 봤는데 「김봉남」이던데….

이놈아! 그렇게 이름을 함부로 부르지 말라고 號라는 게 있는 거야!

초계는 내 호이고!

딱!

이름은 부모님이나 어른들이 붙여 주지만 호는 자기가 정하는 것이지.

멋있고 부르기 좋게…

가령 추사 김정희, 오성 이항복, 한음 이덕형.

이렇게.

아하~ 그렇구나!

그럼 우리도 號를 짓자.

웅성 웅성

난 밥통 조돌권.

난 그냥 방개.

헐랭이 이승환.

천방지축 윤득환.

맹꽁이 오행식!

그걸 號라고 짓다니….

 禾 + 口 = 和

벼 화　　　입 구

곡식(禾)으로 밥을 지어 다 같이 배부르게 먹을(口) 수 있다는 데서
화목하다를 뜻합니다.

훈 **화할** 음 **화**　　□부수 (총 8획)

 和 和 和 和 和 和 和 和

❖ 순서에 맞게 和를 쓰고 훈과 음을 쓰세요.

和	和	和	和	和
화할 화	화할 화	화할 화	화할 화	화할 화
和	和	和	和	和

· ☐ 答 (화답) : 시나 노래에 응하여 대답함.　　　　　　(答 : 대답 답)

· 平 ☐ (평화) : 평온하고 화목함.　　　　　　(平 : 평평할 평)

· 상대 반의어 – 戰 (싸움 전)

聿 + 田 + 一 = 畫
붓 율 　밭 전 　한 일

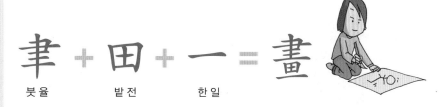

붓(聿)으로 밭(田)의 경계(一)를 긋는다는 데서 **그림**, **긋다**를 뜻합니다.

훈 그림/그을 음 화/획　　田부수 (총 12획)

畫畫畫畫畫畫畫畫畫畫畫畫

❖ 순서에 맞게 畫 를 쓰고 훈과 음을 쓰세요.

畫	畫	畫	畫	畫
그림 화/그을 획	그림 화/그을 획	그림 화/그을 획	그림 화/그을 획	그림 화/그을 획
畫	畫	畫	畫	畫

- ☐ 家 (화가) : 그림 그리는 것을 직업으로 하는 사람. 　　(家 : 집 가)

- ☐ 數 (획수) : 글씨에서 획의 수효. 　　(數 : 셈 수)

- 유의어 – 圖 (그림 도) 　• 모양이 비슷한 한자 – 書 (글 서) 晝 (낮 주)

黄

밭(田)이 빛(光)을 받아 색깔이 누렇다는 데서 **누렇다**를 뜻합니다.

훈 **누를** 음 **황**   黃부수 (총 12획)   黃 黃 黃 黃 黃 黃 黃 黃 黃 黃 黃 黃

❖ 순서에 맞게 黃을 쓰고 훈과 음을 쓰세요.

黃	黃	黃	黃	黃
누를 황	누를 황	누를 황	누를 황	누를 황
黃	黃	黃	黃	黃

- [　] 金 (황금) : 누런빛의 금.   (金 : 쇠 금)
- [　] 色 (황색) : 누런색.   (色 : 빛 색)

음식이 담긴 그릇의 모양을 본뜬 글자로, **모이다**를 뜻합니다.

훈 **모일** 음 **회**   日부수 (총 13획)   會會會會會會會會會會

❖ 순서에 맞게 會를 쓰고 훈과 음을 쓰세요.

會	會	會	會	會
모일 회	모일 회	모일 회	모일 회	모일 회
會	會	會	會	會

- 國 ☐ (국회) : 국민의 대표로 구성한 입법 기관.   (國 : 나라 국)

- ☐ 話 (회화) : ① 만나서 이야기함.   ② 외국어로 이야기를 나눔.   (話 : 말씀 화)

- 유의어 – 社 (모일 사) 集 (모을 집)

訓

言 + 川 = 訓

말씀 언   내 천

물이 흐르듯(川) 웃어른이 아랫사람에게 바른 말(言)로 가르친다는 데서 **가르치다**를 뜻합니다.

훈 **가르칠** 음 **훈**   言부수 (총 10획)   訓 訓 訓 訓 訓 訓 訓 訓 訓 訓

❖ 순서에 맞게 訓을 쓰고 훈과 음을 쓰세요.

訓	訓	訓	訓	訓
가르칠 훈	가르칠 훈	가르칠 훈	가르칠 훈	가르칠 훈
訓	訓	訓	訓	訓

· ☐ 育 (훈육) : 품성이나 도덕 따위를 가르쳐 기름.   (育 : 기를 육)

· 家 ☐ (가훈) : 한 집안의 조상이나 어른이 자손들에게 일러 주는 가르침.   (家 : 집 가)

· 유의어 – 敎 (가르칠 교)

訓 가르칠 훈

말썽도 많고 장난도 심하던 학동들입니다.

하루도 안 빠지고 訓장님 속을 무던히도 썩였지요.

그런데 다들 장가는 잘 들었다는군요.

싱글 벙글

음…

엄청나게 무서운 색시들 한테요.

싹 싹

이제는 도망갈 길도 없었답니다.
안 하던 공부 한꺼번에 열심히 해서는

공자왈 맹자왈

모두들 과거에 합격하고

일자서당 학동들 과거단체급제

훈장님을 위해 큰 잔치를 열었다는 전설이 전해지고 있답니다.

訓장님, 사랑해요!

헛헛헛, 그려 그려~.

1 다음 밑줄 친 漢字語의 讀音을 쓰세요.

(1) 박물관에서 名畫를 감상했다. ( )

(2) 向學에 대한 그의 열정은 식지 않았다. ( )

(3) 그 병은 現代 의학으로도 고치기 힘들다. ( )

(4) 아침마다 영어 會話를 공부한다. ( )

(5) 양국이 和親을 맺었다. ( )

(6) 선생님이 番號를 부르셨다. ( )

(7) 그 사람의 行方이 묘연하다. ( )

(8) 어두워 形體도 알아보기 힘들다. ( )

(9) 차가 黃色 먼지를 뒤집어쓰고 달려 왔다. ( )

(10) 실패를 敎訓으로 삼다. ( )

(11) 내용과 形式이 조화를 이루고 있다. ( )

(12) 예금하러 銀行에 갔다. ( )

(13) 상대방의 意向을 타진했다. ( )

(14) 군대에 간 삼촌을 面會갔다. ( )

(15) 공사로 차량 通行이 제한되었다. ( )

2 다음 漢字의 訓과 音을 쓰세요.

(1) 現 (　　　　　　)　　　(2) 行 (　　　　　　　)

(3) 和 (　　　　　　)　　　(4) 訓 (　　　　　　　)

(5) 號 (　　　　　　)　　　(6) 黃 (　　　　　　　)

(7) 會 (　　　　　　)　　　(8) 形 (　　　　　　　)

(9) 向 (　　　　　　)　　　(10) 畫 (　　　　　　　)

3 다음 밑줄 친 漢字語를 漢字로 쓰세요.

(1) 학업 성적이 향상됐다.　　　　　　　　　　(　　　　　　)

(2) 지형을 이용하여 적을 격퇴했다.　　　　　　(　　　　　　)

(3) 황금을 찾으러 떠났다.　　　　　　　　　　(　　　　　　)

(4) 우리 집 가훈은 정직과 믿음이다.　　　　　　(　　　　　　)

(5) 골목 저편에서 방범대원의 호각 소리가 들렸다.　(　　　　　　)

(6) 분쟁을 평화적으로 해결하다.　　　　　　　(　　　　　　)

(7) 이 그림은 그 화가의 대표작이다.　　　　　　(　　　　　　)

(8) 다리를 다쳐 현재 입원 중이다.　　　　　　(　　　　　　)

(9) 병사들이 밤낮으로 행군했다.　　　　　　　(　　　　　　)

(10) 안건이 국회에서 만장일치로 통과되었다.　　(　　　　　　)

4 다음 漢字의 반의자(反義字) 또는 상대자(相對字)를 골라 그 번호를 쓰세요.

(1) 行 : ① 動 ② 言 ③ 發 ④ 間   (   )

(2) 和 : ① 夏 ② 秋 ③ 戰 ④ 電   (   )

5 다음 ( )에 알맞은 漢字를 보기 에서 찾아 그 번호를 쓰세요.

> **보기**
>
> ① 幸   ② 行   ③ 現   ④ 形

(1) 一方通( ) : 일정한 구간을 지정하여 한 방향으로만 가도록 하는 일.   (   )

(2) ( )形色色 : 형상과 빛깔 따위가 서로 다른 여러 가지.

                                      (   )

6 다음 漢字와 뜻이 비슷한 漢字를 골라 그 번호를 쓰세요.

(1) 畫 : ① 圖 ② 國 ③ 晝 ④ 夜   (   )

(2) 訓 : ① 學 ② 習 ③ 教 ④ 話   (   )

(3) 會 : ① 使 ② 社 ③ 音 ④ 理   (   )

7 다음 중 소리(音)는 같으나 뜻(訓)이 다른 漢字를 골라 그 번호를 쓰세요.

(1) 畫 : ① 話 ② 言 ③ 語 ④ 面   (   )

(2) 形 : ① 場 ② 兄 ③ 紙 ④ 平   (   )

8 다음 뜻과 소리를 가진 단어를 漢字로 쓰세요.

> **보기**
>
> 몸무게.(체중) - (體重)

(1) 어떤 방위를 향한 쪽.(방향)　　　　　　　　　(　　　　　　　)

(2) 나라의 이름.(국호)　　　　　　　　　　　　　(　　　　　　　)

9 다음 漢字의 짙게 표시한 획은 몇 번째 쓰는 획인지 **보기** 에서 찾아 그 번호를 쓰세요.

> **보기**
>
> ① 첫 번째　　② 두 번째　　③ 세 번째　　④ 네 번째
> ⑤ 다섯 번째　⑥ 여섯 번째　⑦ 일곱 번째　⑧ 여덟 번째
> ⑨ 아홉 번째　⑩ 열 번째　　⑪ 열한 번째　⑫ 열두 번째

(1) 向 (　　　　　)

(2) 黃 (　　　　　)

(3) 號 (　　　　　)

◉ 한자로 표현된 속담을 익혀 보세요.

晝言雀聽 하고 夜言 鼠聽 이라
(주 언 작 청   야 언 서 청)

낮말은 새가 듣고 밤말은 쥐가 듣는다.

晝:낮 주   言:말씀 언   雀:참새 작   聽:들을 청   夜:밤 야   鼠:쥐 서

부록

상대 반의어

한 쌍의 말 사이에 서로 공통되는
의미요소가 있으면서 서로 반대되는
관계에 있는 한자입니다.

유의어

뜻이 비슷한 한자입니다.

모양이 비슷한 한자

모양은 비슷하지만
서로 다른 훈음을 지닌 한자입니다.

사자성어

네 자로 이루어진 고사, 신화, 전설, 역사 등에서
나온 말로 교훈, 경구, 비유, 상징 등에
쓰이는 관용어를 말합니다.

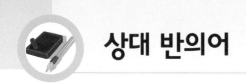
❖ 다음 상대 반의어를 읽고 흐린 한자를 따라 쓰세요.

江山	강 강, 메 산	강과 산, 자연	江山
強弱	강할 강, 약할 약	강함과 약함, 강자와 약자	強弱
苦樂	쓸 고, 즐길 락	괴로움과 즐거움	苦樂
古今	예 고, 이제 금	옛날과 지금	古今
昨今	어제 작, 이제 금	예전과 지금	昨今
南北	남녘 남, 북녘 북	남쪽과 북쪽	南北
男女	사내 남, 계집 녀	남자와 여자	男女
內外	안 내, 바깥 외	안과 밖	內外
老少	늙을 로, 적을 소	늙은이와 젊은이	老少
多少	많을 다, 적을 소	많음과 적음	多少
大小	큰 대, 작을 소	크고 작음	大小
東西	동녘 동, 서녘 서	동쪽과 서쪽	東西
問答	물을 문, 대답 답	물음과 대답	問答

❖ 다음 상대 반의어를 읽고 흐린 한자를 따라 쓰세요.

父母	아비 부, 어미 모	아버지와 어머니	父母
分合	나눌 분, 합할 합	나눔과 합침	分合
生死	날 생, 죽을 사	삶과 죽음	生死
死活	죽을 사, 살 활	죽음과 삶	死活
山川	메 산, 내 천	산과 내	山川
山海	메 산, 바다 해	산과 바다	山海
上下	윗 상, 아래 하	위와 아래	上下
先後	먼저 선, 뒤 후	먼저와 나중	先後
祖孫	할아비 조, 손자 손	할아버지와 손자	祖孫
水火	물 수, 불 화	물과 불	水火
手足	손 수, 발 족	손과 발	手足
心身	마음 심, 몸 신	마음과 몸	心身
言行	말씀 언, 다닐 행	말과 행동	言行

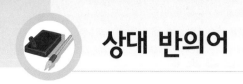

❖ 다음 상대 반의어를 읽고 흐린 한자를 따라 쓰세요.

日月	날 일, 달 월	해와 달, 날과 달	日月
遠近	멀 원, 가까울 근	멀고 가까움	遠近
長短	긴 장, 짧을 단	길고 짧음	長短
前後	앞 전, 뒤 후	앞과 뒤	前後
朝夕	아침 조, 저녁 석	아침과 저녁	朝夕
左右	왼 좌, 오른 우	왼쪽과 오른쪽	左右
晝夜	낮 주, 밤 야	낮과 밤, 밤낮	晝夜
天地	하늘 천, 땅 지	하늘과 땅	天地
春秋	봄 춘, 가을 추	봄과 가을	春秋
出入	날 출, 들 입	나감과 들어옴	出入
兄弟	형 형, 아우 제	형과 아우	兄弟
和戰	화할 화, 싸움 전	화합과 싸움	和戰

❖ 다음 뜻이 비슷한 한자를 읽고 흐린 한자를 따라 쓰세요.

計算	셀 계, 셈 산	수량을 헤아림	計算
教訓	가르칠 교, 가르칠 훈	앞으로의 행동이나 생활에 지침이 될 만한 것을 가르침	教訓
根本	뿌리 근, 근본 본	초목의 뿌리. 사물의 본질이나 본바탕	根本
道路	길 도, 길 로	사람, 차 따위가 잘 다닐 수 있도록 만들어 놓은 길	道路
圖畫	그림 도, 그림 화	도안과 그림	圖畫
洞里	골 동, 마을 리	마을	洞里
文章	글월 문, 글 장	생각이나 느낌을 글로 적어 나타낸 것	文章
樹木	나무 수, 나무 목	나무	樹木
身體	몸 신, 몸 체	사람의 몸	身體
言語	말씀 언, 말씀 어	생각, 느낌 따위를 나타내거나 전달하는 데에 쓰는 음성, 문자 따위의 수단	言語

❖ 다음 뜻이 비슷한 한자를 읽고 흐린 한자를 따라 쓰세요.

衣服	옷 의, 옷 복	옷	衣服
正直	바를 정, 곧을 직	마음이 바르고 곧음	正直
永遠	길 영, 멀 원	어떤 상태가 끝없이 이어짐	永遠
集會	모을 집, 모일 회	여러 사람이 어떤 목적을 위하여 일시적으로 모임	集會
村里	마을 촌, 마을 리	마을	村里
青綠	푸를 청, 푸를 록	푸른색을 띤 초록색	青綠
土地	흙 토, 땅 지	사람의 생활과 활동에 이용하는 땅	土地
海洋	바다 해, 큰바다 양	넓고 큰 바다	海洋
學習	배울 학, 익힐 습	배워서 익힘	學習

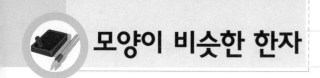
❖ 다음 모양이 비슷한 한자를 읽고 빈칸에 알맞게 쓰세요.

1.

	훈	음	부수 – 총획
工	장인		工–총 3획
江	강	강	氵–총 6획
空	빌		穴–총 8획

2.

	훈	음	부수 – 총획
王	임금	왕	玉–총 4획
主	주인/임금		丶–총 5획
住	살		亻–총 7획

3.

	훈	음	부수 – 총획
人	사람	인	人–총 2획
入		입	入–총 2획
八	여덟		八–총 2획

4.

	훈	음	부수 – 총획
母	어미		毋–총 5획
每	매양		毋–총 7획
海		해	氵–총 10획

5.

	훈	음	부수 – 총획
大	큰		大–총 3획
太	클		大–총 4획

6.

	훈	음	부수 – 총획
天	하늘		大–총 4획
夫		부	大–총 4획

❖ 다음 모양이 비슷한 한자를 읽고 빈칸에 알맞게 쓰세요.

1.

	훈	음	부수 – 총획
白	흰		白-총 5획
百		백	白-총 6획
自	스스로		自-총 6획

2.

	훈	음	부수 – 총획
老	늙을		老-총 6획
孝	효도		子-총 7획
者	놈		老-총 9획

3.

	훈	음	부수 – 총획
書	글		日-총 10획
晝		주	日-총 11획
畫	그림/그을		田-총 12획

4.

	훈	음	부수 – 총획
田	밭	전	田-총 5획
由	말미암을		田-총 5획
油		유	氵-총 8획

5.

	훈	음	부수 – 총획
重	무거울		里-총 9획
動	움직일		力-총 11획

6.

	훈	음	부수 – 총획
直		직	目-총 8획
植		식	木-총 12획

❖ 다음 모양이 비슷한 한자를 읽고 빈칸에 알맞게 쓰세요.

1.

	훈	음	부수 - 총획
問	물을		口-총 11획
間	사이		門-총 12획

2.

	훈	음	부수 - 총획
聞		문	耳-총 14획
開		개	門-총 12획

3.

	훈	음	부수 - 총획
小		소	小-총 3획
少	적을		小-총 4획

4.

	훈	음	부수 - 총획
樂	즐길		木-총 15획
藥		약	⺿-총 19획

5.

	훈	음	부수 - 총획
全	온전		入-총 6획
金	쇠/성	금/김	金-총 8획

6.

	훈	음	부수 - 총획
同	한가지		口-총 6획
洞	골/밝을		氵-총 9획

7.

	훈	음	부수 - 총획
陽	볕		阝-총 12획
場	마당		土-총 12획

8.

	훈	음	부수 - 총획
作		작	亻-총 7획
昨		작	日-총 9획

❖ 다음 사자성어의 뜻을 알아보고 빈칸에 쓰세요.

公 明 正 大	하는 일이나 태도가 사사로움이나 그릇됨이 없이 아주 정당하고 떳떳함
공평할공 밝을명 바를정 큰대	公 明 正 大

九 死 一 生	죽을 고비를 여러 차례 넘기고 겨우 살아남
아홉구 죽을사 한일 날생	九 死 一 生

同 苦 同 樂	괴로움도 즐거움도 함께함
한가지동 쓸고 한가지동 즐길락	同 苦 同 樂

東 問 西 答	물음과는 전혀 상관없는 엉뚱한 대답
동녘동 물을문 서녘서 대답답	東 問 西 答

門 前 成 市	찾아오는 사람이 많아 집 문 앞이 시장을 이루다시피 함
문문 앞전 이룰성 저자시	門 前 成 市

百 年 大 計	먼 앞날까지 미리 내다보고 세우는 크고 중요한 계획
일백백 해년 큰대 셀계	百 年 大 計

❖ 다음 사자성어의 뜻을 알아보고 빈칸에 쓰세요.

山 戰 水 戰	산에서도 싸우고 물에서도 싸웠다는 뜻으로, 세상의 온갖 고생과 어려움을 다 겪었음			
메산 싸움전 물수 싸움전	山 戰 水 戰			

山 高 水 長	산은 높이 솟고 강은 길게 흐른다는 뜻으로, 군자의 덕이 높고 끝없음을 비유함			
메산 높을고 물수 긴장	山 高 水 長			

山 川 草 木	산과 내와 풀과 나무라는 뜻으로, 자연을 뜻함			
메산 내천 풀초 나무목	山 川 草 木			

身 土 不 二	몸과 땅은 둘이 아니라 하나라는 뜻으로, 자기가 사는 땅에서 나는 농산물이 자기 체질에 맞음			
몸신 흙토 아닐불 두이	身 土 不 二			

百 發 百 中	백 번 쏘아 백 번 맞힌다는 뜻으로, 총이나 활 따위를 쏠 때마다 겨눈 곳에 다 맞음			
일백백 필발 일백백 가운데중	百 發 百 中			

三 三 五 五	서너 사람 또는 대여섯 사람이 떼를 지어 다니거나 무슨 일을 함			
석삼 석삼 다섯오 다섯오	三 三 五 五			

사자성어

월   일 이름   확인

❖ 다음 사자성어의 뜻을 알아보고 빈칸에 쓰세요.

生 死 苦 樂 날 생 죽을 사 쓸 고 즐길 락	삶과 죽음, 괴로움과 즐거움
	生 死 苦 樂

十 中 八 九 열 십 가운데 중 여덟 팔 아홉 구	열 가운데 여덟이나 아홉 정도로 거의 대부분이거나 거의 틀림없음
	十 中 八 九

樂 山 樂 水 좋아할 요 메 산 좋아할 요 물 수	산수의 자연을 즐기고 좋아함
	樂 山 樂 水

人 命 在 天 사람 인 목숨 명 있을 재 하늘 천	사람의 목숨은 하늘에 달려 있다는 뜻으로, 목숨의 길고 짧음은 사람의 힘으로 어쩔 수 없음
	人 命 在 天

人 山 人 海 사람 인 메 산 사람 인 바다 해	사람이 산을 이루고 바다를 이루었다는 뜻으로, 사람이 수없이 많이 모인 상태를 이르는 말
	人 山 人 海

一 口 二 言 한 일 입 구 두 이 말씀 언	한 입으로 두 말을 한다는 뜻으로, 한 가지 일에 대하여 말을 이랬다저랬다 함
	一 口 二 言

❖ 다음 사자성어의 뜻을 알아보고 빈칸에 쓰세요.

一 長 一 短	일면의 장점과 다른 일면의 단점을 통틀어 이르는 말					
한일 긴장 한일 짧을단	一 長 一 短					

一 朝 一 夕	하루 아침과 하루 저녁이라는 뜻으로, 짧은 시일을 이르는 말					
한일 아침조 한일 저녁석	一 朝 一 夕					

自 問 自 答	스스로 묻고 스스로 대답함					
스스로자 물을문 스스로자 대답답	自 問 自 答					

自 手 成 家	물려받은 재산이 없이 자기 혼자의 힘으로 집안을 일으키고 재산을 모음					
스스로자 손수 이룰성 집가	自 手 成 家					

作 心 三 日	단단히 먹은 마음이 사흘을 가지 못한다는 뜻으로, 결심이 굳지 못함을 이르는 말					
지을작 마음심 석삼 날일	作 心 三 日					

電 光 石 火	번갯불이나 부싯돌의 불이 번쩍거리는 것과 같이 매우 짧은 시간이나 매우 재빠른 움직임					
번개전 빛광 돌석 불화	電 光 石 火					

월   일 이름   확인

❖ 다음 사자성어의 뜻을 알아보고 빈칸에 쓰세요.

千 萬 多 幸	아주 다행함
일천 천 일만 만 많을 다 다행 행	千 萬 多 幸

靑 天 白 日	하늘이 맑게 갠 대낮
푸를 청 하늘 천 흰 백 날 일	靑 天 白 日

淸 風 明 月	맑은 바람과 밝은 달
맑을 청 바람 풍 밝을 명 달 월	淸 風 明 月

春 夏 秋 冬	봄, 여름, 가을, 겨울의 네 계절
봄 춘 여름 하 가을 추 겨울 동	春 夏 秋 冬

花 朝 月 夕	꽃 피는 아침과 달 밝은 밤이라는 뜻으로, 경치가 좋은 시절을 이르는 말
꽃 화 아침 조 달 월 저녁 석	花 朝 月 夕

東 西 古 今	동양과 서양, 옛날과 지금을 통틀어 이르는 말
동녘 동 서녘 서 예 고 이제 금	東 西 古 今

기출 및 예상 문제 해답

제1회 기출 및 예상 문제 (20p~23p)

❶ (1) 은행　(2) 행운　(3) 이용　(4) 원양
(5) 국운　(6) 사용　(7) 이유　(8) 미음
(9) 과수원　(10) 소용　(11) 운명　(12) 자유
(13) 발음　(14) 용어　(15) 영원

❷ (1) 말미암을 유　　(2) 쓸 용
(3) 기름 유　　(4) 동산 원
(5) 날랠 용　　(6) 소리 음
(7) 마실 음　　(8) 은 은
(9) 멀 원　　(10) 옮길 운

❸ (1) 由來　(2) 運動　(3) 活用　(4) 公園
(5) 高音　(6) 勇氣　(7) 石油　(8) 金銀
(9) 遠大　(10) 飮食

❹ (1) ③

❺ (1) ②

❻ (1) ①　　(2) ②　　(3) ③

❼ (1) ①　　(2) ④　　(3) ③

❽ (1) 花園　(2) 事由

❾ (1) ⑤　　(2) ⑨　　(3) ⑧

제2회 기출 및 예상 문제 (38p~41p)

❶ (1) 동의　(2) 시작　(3) 영재　(4) 기자
(5) 의술　(6) 도장　(7) 의복　(8) 병자
(9) 전사　(10) 작업　(11) 명의　(12) 독자
(13) 합의　(14) 작전　(15) 소재지

❷ (1) 의원 의　　(2) 놈 자
(3) 있을 재　　(4) 재주 재
(5) 옷 의　　(6) 어제 작
(7) 싸움 전　　(8) 글 장
(9) 지을 작　　(10) 뜻 의

❸ (1) 作家　(2) 醫書　(3) 在學　(4) 學者
(5) 昨年　(6) 意圖　(7) 戰術　(8) 天才
(9) 衣食住　(10) 文章

❹ (1) ①　　(2) ③

❺ (1) ③　　(2) ②　　(3) ①

❻ (1) ①　　(2) ②　　(3) ④

❼ (1) ②　　(2) ②

❽ (1) 醫藥　(2) 昨年

❾ (1) ⑥　　(2) ⑦　　(3) ⑨

제3회 기출 및 예상 문제 (56p~59p)

❶ (1) 화제　(2) 민족　(3) 제삼국 (4) 교정
(5) 주야　(6) 정립　(7) 주목　(8) 조석
(9) 집계　(10) 동창　(11) 문제　(12) 가정
(13) 조례　(14) 주의　(15) 제목

❷ (1) 제목 제　　(2) 겨레 족
(3) 정할 정　　(4) 창 창
(5) 낮 주　　(6) 아침 조
(7) 차례 제　　(8) 부을 주
(9) 모을 집　　(10) 뜰 정

❸ (1) 窓門　(2) 主題　(3) 第一　(4) 安定
(5) 王朝　(6) 家族　(7) 注油　(8) 晝間
(9) 集中　(10) 庭園

❹ (1) ④　　(2) ①

❺ (1) ②　　(2) ③

❻ (1) ①　　(2) ③

❼ (1) ②　　(2) ④　　(3) ④

❽ (1) 集計　(2) 定立

❾ (1) ⑩　　(2) ⑥　　(3) ⑩

제4회 기출 및 예상 문제 (74p~77p)

❶ (1) 태양　　(2) 발표　　(3) 특출　　(4) 청풍
　　(5) 교통　　(6) 특사　　(7) 체육　　(8) 풍문
　　(9) 체온　　(10) 불행　　(11) 합리　　(12) 가풍
　　(13) 통풍　　(14) 친정　　(15) 행운

❷ (1) 맑을 청　　　　(2) 특별할 특
　　(3) 합할 합　　　　(4) 바람 풍
　　(5) 클 태　　　　　(6) 몸 체
　　(7) 겉 표　　　　　(8) 다행 행
　　(9) 친할 친　　　　(10) 통할 통

❸ (1) 通話　　(2) 體力　　(3) 風車　　(4) 太平
　　(5) 淸明　　(6) 特別　　(7) 合計　　(8) 先親
　　(9) 表面　　(10) 多幸

❹ (1) ②　　　(2) ③　　　(3) ②

❺ (1) ④　　　(2) ①　　　(3) ③

❻ (1) ③　　　(2) ①　　　(3) ③

❼ (1) ②

❽ (1) 太古　　(2) 通路

❾ (1) ⑥　　　(2) ⑩　　　(3) ④

제5회 기출 및 예상 문제 (92p~95p)

❶ (1) 명화　　(2) 향학　　(3) 현대　　(4) 회화
　　(5) 화친　　(6) 번호　　(7) 행방　　(8) 형체
　　(9) 황색　　(10) 교훈　　(11) 형식　　(12) 은행
　　(13) 의향　　(14) 면회　　(15) 통행

❷ (1) 나타날 현　　　　(2) 다닐 행/항렬 항
　　(3) 화할 화　　　　(4) 가르칠 훈
　　(5) 이름 호　　　　(6) 누를 황
　　(7) 모일 회　　　　(8) 모양 형
　　(9) 향할 향　　　　(10) 그림 화/그을 획

❸ (1) 向上　　(2) 地形　　(3) 黃金　　(4) 家訓
　　(5) 號角　　(6) 平和　　(7) 畫家　　(8) 現在
　　(9) 行軍　　(10) 國會

❹ (1) ②　　　(2) ③

❺ (1) ②　　　(2) ④

❻ (1) ①　　　(2) ③　　　(3) ②

❼ (1) ①　　　(2) ②

❽ (1) 方向　　(2) 國號

❾ (1) ③　　　(2) ⑨　　　(3) ⑨

●모양이 비슷한 한자●

〈103p〉

1. 공, 공　　　　　2. 주, 주
3. 들, 팔　　　　　4. 모, 매, 바다
5. 대, 태　　　　　6. 천, 지아비

〈104p〉

1. 백, 일백, 자　　2. 로, 효, 자
3. 서, 낮, 화/획　　4. 유, 기름
5. 중, 동　　　　　6. 곧을, 심을

〈105p〉

1. 문, 간　　　　　2. 들을, 열
3. 작을, 소　　　　4. 락, 약
5. 전　　　　　　　6. 동, 동/통
7. 양, 장　　　　　8. 지을, 어제